AF494134

SIMPLES RÉPONSES

AUX QUESTIONS OFFICIELLES

D'HISTOIRE ET DE GÉOGRAPHIE

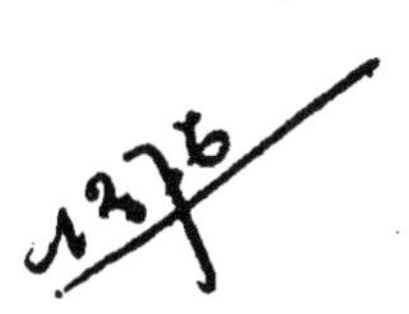

SIMPLES RÉPONSES

AUX QUESTIONS OFFICIELLES

D'HISTOIRE ET DE GÉOGRAPHIE

POUR LE BACCALAURÉAT ÈS SCIENCES

ET LES ÉCOLES DU GOUVERNEMENT

AVEC DES NOTES MNÉMONIQUES

Sur l'Histoire et la Géographie de l'Europe et de ses colonies jusqu'à nos jours

Par M. CLOUET

ANCIEN PROFESSEUR D'HISTOIRE DES LYCÉES

SEPTIÈME ÉDITION

(CONFORME AUX DERNIERS PROGRAMMES)

PARIS

LIBRAIRIE CLASSIQUE EUGÈNE BELIN

Vᴱ EUGÈNE BELIN ET FILS

RUE DE VAUGIRARD, Nº 52

—

1884

Tout exemplaire de cet ouvrage non revêtu de ma griffe sera réputé contrefait.

Eug. Belin

SAINT-CLOUD. — IMPRIMERIE Vᵉ EUG. BELIN ET FILS.

LA FRANCE ET L'EUROPE

JUSQU'A 1848.

SIMPLES RÉPONSES D'HISTOIRE

COURS DE RHÉTORIQUE (5 chapitres)	France avant 1610; 1° Louis XIII; 2° Louis XIV; 3° Louis XV; 4° Louis XVI avant 89;
COURS DE PHILOSOPHIE (6 chapitres)	5° Louis XVI depuis 89; 6° Première République; 7° Premier Empire; 8° Louis XVIII; 9° Charles X; 10° Louis-Philippe Ier.

HISTOIRE

COURS DE RHÉTORIQUE

COURTE RÉVISION DE L'HISTOIRE DE FRANCE ANTÉRIEURE A 1610.

QUESTION I

Les Français sont un mélange de dix éléments principaux, tous de race blonde ou brune :

1° Les habitants des cavernes répandues sur tout le territoire (armes de pierre non polie, de corne ou d'os).

2° Les constructeurs de sépultures à galeries mégalithiques, où l'on ne trouve que des outils de pierre polie ou de bronze, pas de fer.

3° Les constructeurs des tumulus funéraires réunis en groupes dans l'Est et qui recèlent des instruments de fer.

Ces trois peuples mêlés entre eux ou avec d'autres ont reçu le nom de **Celtes**.

4° Les **Belges** ou Kimrys.

5°, 6°, 7° Les Ibères, les Phéniciens et les Grecs du Midi.

Ces sept éléments furent appelés **Gaulois** *par les anciens.*

8° **Les Romains.** Venus au secours de Marseille vers 150 av. J.-C., ils conquirent la rive gauche du Rhône et le littoral de la Méditerranée, qui les reliait à leur province d'Espagne. Cent ans plus tard, **Jules-César** occupa le reste de la Gaule, malgré l'héroïsme de **Vercingétorix,** et le *patois latin* des soldats et colons Italiens[1] imposé violemment aux vaincus devint la langue gauloise, et plus tard la langue française.

9° Les Germains d'outre-Rhin s'établirent sur notre sol

(1) Les lettrés disaient *pugna*, les soldats *battalia*, pour dire bataille.

entre 350 et 450 à titre d'auxiliaires ou par la force des armes ;

— Les Francs de la Sala ou Saliens établis dans le pays de Bruxelles par Julien ;

— Les Francs Ripuaires, le long du Rhin, rive gauche ;

— Les Bourguignons, dans le val de Saône et Rhône ;

— Les Wisigoths entre Loire et Pyrénées.

— Les Saxons vers Bayeux.

10° Les Normands Scandinaves au IXe siècle.

En 450. Les cinq peuples germains s'unirent au général romain contre Attila. Les Francs avaient pour chef Mérovée qui a donné son nom à la **dynastie mérovingienne.**

MÉROVINGIENS

PREMIÈRE RACE DES ROIS DE FRANCE (487 A 687) (1).

On peut réduire l'histoire des Mérovingiens à *deux faits généraux :* **guerres de conquête** (500 à 550) et **guerres civiles.**

§ 1. Guerres de conquête (sous Clovis, ses fils et ses petit-fils).

Clovis, chef des Francs Saliens des environs de Tournai, occupe avec 6000 *hommes* toute la Gaule peuplée de 6 *millions d'âmes,* excepté le littoral de la Méditerranée. Populations gauloises et clergé catholique le reçoivent ou l'appellent comme un **libérateur,** les autres Germains étant *Ariens*(2).

Nord de la Seine enlevé à l'officier romain Syagrius par la bataille de Soissons (486) ;

Bassin central du Rhin (Alsace et Bade), aux Alémans par la victoire de Tolbiac, après laquelle Clovis se fait baptiser.

Pays d'entre Seine et Loire (cités armoricaines libres) se donne à lui ;

(1) Dates des batailles de Soissons et de Testry.
(2) Les Ariens niaient la divinité de J.-C.

Bassin du Rhône et de la Saône (Bourguignons) rendu tributaire par les batailles de Dijon et d'Avignon ;

Pays d'entre Loire et Pyrénées pris aux Wisigoths(1) par la bataille de Vouillé (507).

Clovis fait assassiner les autres petits chefs des Ripuaires et autres tribus isolées.

Fils de Clovis (rois de Metz, Soissons, Paris, Orléans). L'aîné perd la Thuringe, entre Saale et monts de Bohême ; les trois autres, le royaume de Bourgogne qui n'était encore que tributaire.

Petits-fils de Clovis : Ils ravagent l'Espagne et l'Italie, occupées par les Wisigoths et les Ostrogoths, et Théodebert enlève à ces derniers le pays de Marseille (entre mer et Durance).

N. B. *Les conquêtes sont finies dès* 550.

§ 2. **Guerres civiles** (entre les Neustriens ou Francs-Saliens et les Austrasiens ou Francs-Ripuaires, *séparés par la Meuse*).

Deux séries de guerres civiles interrompues par le règne de Dagobert.

Causes de la 1re série : 1° Pour venger le meurtre de Galeswinthe reine de Neustrie, fille du roi des Wisigoths remplacée par Frédégonde sa servante ; 2° surtout à cause de la haine réciproque résultant de la différence de civilisation.

LUTTE intermittente pendant les 50 ans que Brunehaut, sœur de Galeswinthe gouverne les austrasiens ennemis acharnés des neustriens tous Gallo-romains. Les leudes d'Austrasie fatigués la livrent au roi de Neustrie qui la fait écarteler.

Règne de Dagobert (628 à 638.) Il s'enferme dans son harem et laisse gouverner par ses Maires du palais St Eloi et St Ouen. Ses successeurs en font autant, par imitation, d'où ils méritèrent le nom de *rois fainéants*. Les Maires des divers royaumes se disputeront le pouvoir.

CAUSES DE LA 2e SÉRIE DE GUERRES CIVILES : — **Ebroïn**, maire de Neustrie, veut être seul maire de tous les

(1) Les Wisigoths, maitres alors de l'Espagne, transportent leur capitale de Toulouse à Tolède.

royaumes et renverser les trois autres: **Léger, Martel et Pepin** d'**Héristal.**

LUTTE : Ebroïn fait assassiner St Léger, maire de Bourgogne et Martel d'Héristal, maire d'Austrasie, mais il est tué lui-même et l'armée neustrienne défaite par le survivant des quatre Pepin d'Héristal à **Testry** près St-Quentin (687). C'est de cette bataille que date l'avénement des Carlovingiens, **Pepin** ayant été nommé **Maire héréditaire des trois royaumes** après la bataille (1).

SYNCHRONISMES : *Théodoric-le-Grand en Italie* (500). — *Les Anglo-Saxons et Arthur en Grande-Bretagne* (500). — *Justinien et Bélisaire* (550). — *Grégoire de Tours* (550). — *Les Lombards en Italie* (560). — *Mahomet* (600). — *St Grégoire-le-Grand* (600).

CARLOVINGIENS (2)

DEUXIÈME RACE (687 A 987).

732, Juste cent ans après la mort de Mahomet (632), victoire de **Karl Martel** ou Martin à **Poitiers,** sur les Arabes. Elle sauve l'Europe du Mahométisme, comme plus tard les Normands en Italie et nos croisés français du côté de l'Orient. Aussi le pape le nomme-t-il *sous-roi* et la dynastie tudesque des Héristal lui doit-elle son nom de Carlovingienne.

752, Pepin-le-Bref, fils de Karl, est **sacré roi** par saint Boniface. Il enlève aux Lombards et donne au pape le **domaine de l'Eglise,** et réunit définitivement la Septimanie et l'Aquitaine.

Charlemagne (768 à 814) (3).

Il fit un *empire unique et chrétien de tous les Etats germani-*

(1) *Trois sortes de gens sous les Mérovingiens :* 1° Les *harimann*, soldats de Clovis qui ont partagé la conquête et ne doivent que la *landwehr;* 2° les tenanciers du roi ou *leudes*, tout à sa disposition; 3° les *serfs*, qui ne peuvent rien posséder et travaillent pour le maître de leurs terres. — *Jugements* par la brûlure, l'eau froide ou le duel; *peines :* amendes tarifiées, talion.

(2) 12 Bourbons et Napoléons, 13 Valois, 14 Capétiens, 15 Carlovingiens (12, 13, 14, 15).

(3) Il meurt en 814; Napoléon abdique le 31 mars 1814.

ques en deçà de l'Elbe, de l'Oder, de la Theiss, du Rubicon et de l'Elbe par ses missionnaires; par ses expéditions contre Witikind et les *Saxons,* contre les *Bavarois* et les *Avares,* les *Lombards,* les *Arabes* d'Espagne; par ses capitulaires; par son autocratie; par ses écoles mêmes. Il y manquait la capitale unité, celle du langage, et Charlemagne tailla lui-même les cadres du futur morcellement par ses divisions administratives à la romaine.

Divisions de l'Empire en trois damiers : Il y eut *trois royaumes,* autant que de langues, et chacun des royaumes fut subdivisé en *duchés, comtés* ou marquisats, *vicomtés*, *manses* ou manoir, les plus petits relevant des plus grands. Qu'on donne l'hérédité aux chefs amovibles de ces divisions, et la féodalité est constituée. Ce fut l'œuvre du traité de Verdun et de l'édit de Kiersy.

Traité de Verdun (843) : Les pays de langues française, italienne et tudesque y sont déclarés à jamais indépendants les uns des autres.

Edit de Kiersy-sur-Oise (877) : Les duchés, comtés et marquisats, vicomtés, etc., sont reconnus héréditaires; c'est-à-dire, qu'il y aura autant de souverainetés subordonnées les unes aux autres qu'il y avait auparavant de divisions administratives : L'*hommage lige*, le service de l'*ost* et du *plaid* étaient les seuls devoirs de l'inférieur, ou *vassal,* envers le supérieur immédiat ou *suzerain* qui de son côté devait protection au vassal.

Chute des Carlovingiens. — Les Northmans. — Les *Saxons* acculés par Charlemagne en Danemark, les *Danois* et les *Norvégiens* remontent toutes nos rivières, brûlant et pillant tout. La *lâcheté des rois* devant eux et la cession de la Normandie actuelle au Norvégien Rollon (912) dégoutent peuples et seigneurs; l'attitude contraire des ducs de France les rend populaires, d'autant plus qu'ils sont aussi français de langage et de mœurs, que les carlovingiens sont restés germains. Ils sont donc unanimement admis comme les rois légitimes de la nation après la mort du dernier Carlovingien, et Hugues-Capet ne vit personne contester son avénement au trône de France (1).

(1) Les IXe et Xe siècles sont bien loin d'être stériles : C'est l'époque la

SYNCHRONISMES : Arabes remplacent Wisigoths en Espagne (711). — Fondation de Bagdad (768). — Les Othon en Allemagne (871). — Alfred-le-Grand en Angleterre (871).

CAPÉTIENS

TROISIÈME RACE, DIVISÉE EN TROIS BRANCHES.

Capétiens directs (14 rois), première branche 987 à 1323.

Les sept états de France en 987.

1° *Celui de Hugues Capet* qui n'a que *cinq villes* : Paris, Etampes, Orléans, Melun, Compiègne ;

2° *La Normandie* qui va conquérir les Deux-Siciles et l'Angleterre;

3° *La Flandre* ; elle va fournir Godefroy de Bouillon au trône de Jérusalem, et Baudoin à l'empire d'Orient ;

4° *La Champagne* : donne une dynastie à la Navarre ;

5° *La Bourgogne* dont un seigneur fonde le royaume de Portugal, et un autre règne en Castille ; ces cinq états ont un *lien commun*, *la langue*, sauf les nuances dialectiques ; aussi leur union est-elle assurée, mais les Normands semblent devoir l'emporter ;

6° *Le duché d'Aquitaine* entre Loire, Sèvre-niortaise et Pyrénées ;

7° *Le comté de Toulouse.*

Ces deux principautés d'outre Loire n'ont rien qui les rattache à celles du Nord, ni les mœurs ni le langage. Il faut un choc terrible pour les souder aux états du Nord. Il viendra de l'Eglise.

Deux alliés des Capétiens. Ce sont les *villes* et le *clergé*, affranchis des seigneurs, les unes, par l'*établissement de communes* ne faisant plus hommage qu'au roi ; l'autre, par la *querelle des investitures* (1074) qui avait rétabli l'élection ecclésiastique. Les bourgeois deviennent l'aristocratie de l'intelligence et fournissent aux rois ses conseillers et ses légistes, à l'église ses

plus féconde de notre vie nationale ; celle où éclosent dans l'ombre notre nationalité, notre poésie, notre langue et l'art chrétien.

sommités. Quant à celle-ci, elle crée d'abord la *trêve de Dieu*, et la *Chevalerie*, et le plus audacieux des seigneurs n'oserait braver des papes tels que le plébéien *Grégoire VII*, ou qu'*Alexandre III*, *le propagateur de la liberté italienne*; tel qu'*Innocent III* qui réalise par la croisade albigeoise l'union inespérée du Nord et du Midi de la France; des papes, qui lancent sur l'ennemi l'excommunication, les croisades ou les Normands des Deux-Siciles. C'est l'évêque Arnaud du Cotentin qui commande la première insurrection communale au Mans, ce sont les Evêques, nous dit Ord. Vital, qui ordonnent aux prêtres de leurs diocèses, en 1119, de marcher *à la tête de leurs paroisses* au secours de Louis VI contre les seigneurs de l'Ile-de-France. Ici commence la lutte royale contre la féodalité, après plus de cent ans d'impuissance et d'attente.

Double lutte contre la féodalité *par les armes, et par les institutions.*

1° LUTTE PAR LES ARMES. En s'adjoignant les vassaux de l'Eglise et les milices communales.

Louis le Gros purge ses domaines des seigneurs pillards, et **Philippe-Auguste** (1180-1223), culbute à Bouvines les souverains d'Angleterre et d'Allemagne; ramène en prison le comte de Flandre et peut garder quatre provinces confisquées à Jean-sans-Terre, c'est-à-dire, empêcher la race Normande de faire à son profit l'unité Anglo-Française et permettre aux Anglais d'assurer leur liberté par l'imposition de la *Grande Charte* (1215). En même temps la terrible croisade contre les Albigeois détruisait le grand fief de Toulouse et lui en donnait une partie. **Blanche de Castille** s'assura le reste par un mariage entre l'héritière et son fils. **Philippe-le-Bel** conquit aussi la Flandre Wallone par la bataille de Mons-en-Puelle et réunit la Champagne, la Navarre et l'Angoumois. Mais une féodalité nouvelle de sang Capétien remplaçait la Carlovingienne, c'était la *féodalité apanagée.*

2° LUTTE PAR LES INSTITUTIONS DESTRUCTIVES DES DROITS RÉGALIENS DES SEIGNEURS (droits de *guerre*, de *justice*, de *monnayage*).

Philippe-Auguste attaque le droit de guerre par

la *quarantaine le roi;* le droit de justice par la création d'une hiérarchie judiciaire, financière, administrative à trois échelons : *prévôts*, *baillis* au-dessus, et *cour du roi* en tête. Et pour que les plus puissants ne puissent échapper à la justice royale, il réorganise la *Cour des 12 pairs*, dont les six ecclésiastiques sont du Nord de la Loire. — *Université* fréquentée surtout par les bourgeois.

Saint Louis (1226 à 1270) s'attaque aux trois mêmes droits régaliens de la féodalité : 1° Plus de *guerres privées ;* 2° droit d'*appel* du jugement des Seigneurs à quatre grands baillis royaux qu'il établit pour le Nord et pour le Midi; suppression du *duel judiciaire* remplacé par le témoignage oral ou écrit ; rédaction des coutumes, c'est-à-dire abandon des tribunaux aux gens du peuple, qui sont seuls à savoir lire ; aussi les introduit-il comme jurisconsultes rapporteurs dans la *cour du roi* avec les douze pairs. 3° Défense de battre aucune *monnaie* sans le visa du roi ; et circulation de la monnaie royale dans toutes les seigneuries.

Philippe-le-Bel (1285 à 1314). Il divise en trois chambres la cour du roi, réservant le nom de *parlement* à la chambre judiciaire, et déclare que les légistes seront des laïques ; première réunion des *Etats-généraux* où le peuple siège sous le nom de *tiers-état ;* lutte brutale avec le pape Boniface VIII ; abolition des *Templiers ;* établissement du *St-Siège à Avignon :* la royauté ne craint plus rien.

La 1re branche Capétienne finit, comme les deux autres, par le règne successif de trois frères.

Lettres, arts, industrie, commerce aux XIIe et XIIIe siècle (âge d'or du moyen âge) :

— **1100 à 1200 :** Splendeur des cours féodales, lettres, arts, industrie, commerce, tout est destiné aux cours féodales :

Lettres. { *Dans les cinq dialectes de la langue d'oil* (Nord de la Loire) les jongleurs ou trouvères chantent par les châteaux Arthur, Charlemagne et Alexandre (chansons de Gestes); *Dans les deux grands fiefs de langue d'oc* ou provençale : chants de guerre et d'amour (troubadours).

Industrie et **commerce** s'exercent sur des objets de luxe : soieries, cotons, denrées orientales, armures.

— **1280 à 1300 :** éclat des communes et des corporations ouvrières, littérature et industries *communales*, (si l'on excepte les chroniques en prose de Villehardouin et Joinville, inspirées par les Croisades).

Lettres : *littérature communale* de fabliaux et récits frondeurs, où déjà se manifeste ce génie railleur et conteur qu'on appelle esprit français (le roman du Renart est un des plus longs).

Industries communales tellement actives, depuis que chacun travaille à son profit, que seulement à Provins il y a 3200 tisserands et 1700 couteliers.

Arts (1100 à 1300). Naissance et perfection de l'architecture ogivale *à lancette* ; la sculpture, la peinture et la musique sont dans l'enfance.

SYNCHRONISMES : Schisme de l'Eglise grecque consommé en 1054. — **Huit croisades** (1096 à 1270) à Jérusalem, à Constantinople, en Egypte et à Tunis (Louis VII, Philippe-Auguste et St Louis en dirigent quatre,) notre féodalité les quatre autres.) — Gengis-Khan (1206 à 1227). — La Suisse secoue le joug de l'Autriche ; Guillaume-Tell (1308). — Le Saint-Siége à Avignon (1309).

LES VALOIS

DEUXIÈME BRANCHE CAPÉTIENNE (1328 A 1587)

Cette période de 261 ans est remplie par *trois séries de guerres*, et par l'anéantissement de la *seconde féodalité* (féodalité apanagée ou Capétienne.)

§ 1. Guerre de Cent ans (1336 à 1453).

CAUSES : 1° Dépit d'Edouard III écarté par la *loi salique* du trône de France auquel il avait plus droit que Philippe de Valois ; 2° excitations du Flamand Arteveld et de Robert d'Artois, exilé comme faussaire.

Alternativement : revers et succès, revers et succès :

1ers revers : Philippe VI est battu à *Crécy* (1336)

et perd *Calais*; son fils, **Jean-le-Bon**, vaincu et pris à *Poitiers* (1356) (1) abondonne pour sa rançon la moitié de son royaume et 3000 écus d'or, (traité de *Brétigny*), au mépris de la *Jacquerie, d'Etienne Marcel* et des Parisiens qui veulent couronner Charles-le-Mauvais, son gendre. En même temps, il apanage son fils de la Bourgogne.

1ers succès (1re *expulsion des Anglais*): **Charles V** (2) somme Edouard, son vassal pour la Guyenne, de répondre aux plaintes des seigneurs de cette contrée. Invasion du *prince Noir* pour réponse. Mais on a réparé et fermé les forteresses ; pas de vivres, il faut disperser l'armée que Duguesclin, Clisson, Boucicaut et les Mauny harcèlent et battent par pelotons en prenant un château anglais par ci par là. Si bien qu'en 1480 il ne reste plus à l'Anglais que *quatre villes*, mais quatre portes : *Bordeaux, Brest, Cherbourg, Calais*.

Seconds revers : La folie de Charles VI, les querelles de ses oncles, puis des Armagnacs et des Bourguignons pour gouverner, et surtout la misère des Anglais qui n'ont pas d'autre pays que la France pour se nourrir, nous ramènent Henri V. Vainqueur à Azincourt, les Bourguignons et l'indigne reine Isabeau le nomment héritier de la couronne de France au traité de Troyes (1420.)

Seconds succès (définitive expulsion des Anglais). La France est encore sauvée par la bravoure de *Richemont, Dunois, Xaintrailles, la Hire*, etc. ; par l'enthousiasme qu'excitent les premiers succès d'une sainte jeune fille, Jeanne Darc (1428) ; par le sacre du roi de Bourges ; par le martyre de la pauvre enfant brûlée à Rouen (1431), ce qui soulève la Normandie et ramène au devoir le duc de Bourgogne ; enfin par les deux victoires de *Formigny* (1450) et de *Castillon-sur-Dordogne* (1453). Il ne reste plus aux Anglais que *Calais*.

Charles VII après la délivrance : Secondé par

(1) Remarquez ces dates : 1336, commencement de la guerre; 1346, Crécy; 1356, Poitiers (de 10 ans en 10 ans).

(2) Il est entouré d'hommes du tiers-état : Bureau de la Rivière, Dormans, Phil. de Mezières, Noviant, Oresme, etc.

Jacques Cœur, il fait refleurir l'*industrie et le commerce.* — Création d'une *armée permanente* et d'une *taille perpétuelle* pour l'entretenir. — *Pragmatique sanction de Bourges* qui rend aux chapitres la nomination des prélats, trop souvent anglais pendant la guerre, et qui garantit les libertés gallicanes, consacrées jadis par Ives de Chartres et par St Bernard (1).

Louis XI (1461 à 1483). Il amoindrit de *deux manières* la noblesse apanagiste, malgré *trois ligues féodales.*

1° *par l'annexion* au domaine de huit provinces (v. géog.)
2° par des *mesures antiféodales :* ministres roturiers; châtiment des seigneurs (St-Pol, Armagnac, Nemours;) inamovibilité des juges pour les rendre indépendants; création de nouveaux parlements; poste royale pour communiquer avec tout le royaume; augmentation de l'armée; extension du commerce et de l'industrie pour augmenter les recettes.

Anne de Beaujeu, sa fille, consulte les Etats-Généraux et stipule l'annexion de la Bretagne, après la défaite des Seigneurs à *Saint-Aubin-du-Cormier* près Rennes. L'unité territoriale est faite, Charles VIII va revendiquer ses droits à l'étranger.

§ 2. Guerres d'Italie 1494 à 1559.

Il y en eut *douze* dont *six* pour prendre Naples et le Milanais.

— CAUSES des *six premières:* Louis VIII réclame les Deux-Siciles comme héritier de la maison d'Anjou : Louis XII et François Ier, les Deux-Siciles au même titre, et le Milanais comme descendants de Valentine Visconti.

1re guerre: Charles VIII prend et perd Naples à cause d'une ligue formée contre lui (1re application du système d'équilibre européen);

2e, 3e, 4e et 5e guerres: Louis XII prend et perd le Milanais (ligue de Venise et Sainte-Ligue).

(1) La pragmatique de saint Louis est apocryphe.

6e guerre : François Ier reprend Milan par sa victoire de Marignan (1515).

Résultats : Pour être libre de marcher sur Naples, François Ier conclut : *paix perpétuelle avec les Suisses ; concordat* abolissant la pragmatique de Bourges, avec le pape.

— CAUSE DES SIX DERNIÈRES GUERRES : Rivalité de la France et de la maison d'Autriche devenue dangereuse pour notre indépendance depuis que Charles-Quint nous enveloppe, comme roi d'Espagne, des Pays-Bas et d'Italie, et comme empereur d'Allemagne. Continuant le système d'équilibre, la France cherche des alliés partout : les Turcs, les protestants, Gustave Wasa et l'Ecosse lui donnent la main.

1re, 2e, 3e, 4e guerres : François Ier d'abord pris et battu par le traître Bourbon à *Pavie* se rachète et continue la lutte avec rage, aussi épuise-t-il Charles-Quint et lui prépare-t-il les obstacles contre lesquels il se brisera ; mais il meurt en 1547.

5e et 6e guerres sous Henri II : Prise des *trois-évêchés* (Metz, Toul et Verdun) ; belle défense de Metz par le duc Guise (1) ; Charles-Quint découragé abdique, laissant à son frère l'empire, et à son fils Philippe II le reste de ses Etats. C'est avec ce dernier que se fait la 6e guerre : Montmorency est battu à St-Quentin ; mais Guise enlève Calais aux Anglais alliés de l'Espagne et nous le gardons à la paix de Câteau-Cambrésis, de même que les *trois-évêchés* (1559) ; mais nous renonçons à l'Italie.

Résultats des douze guerres d'Italie : — L'*Italie* reste à l'Espagne. — L'Europe est sauvée de la monarchie universelle et *notre indépendance assurée*. — Naissance de l'*Equilibre européen*. — Renaissance des lettres et des arts en France par imitation des Italiens. — *Création des légions provinciales*.

La lutte avec la maison d'Autriche n'est qu'interrompue par les guerres de religion.

(1) Les Guise, famille de Lorraine établie en France sous Louis XII.

§ 3. Guerres de religion (1562 à 1598), sous Charles IX et Henri III.

Causes : 1° rivalité des Guise et des Bourbons chefs des deux partis ; 2° massacre des 60 protestants à Vassy par les gens du duc de Guise. Les catholiques s'allient avec Philippe II, roi d'Espagne ; les protestants avec Elisabeth d'Angleterre et ils appellent des *reitres* allemands :

Principaux épisodes de cette guerre de 36 ans où les protestants sont toujours battus jusqu'à Courtras (1587) :

1° *St-Barthélemy,* massacre préparé par Catherine de Médicis (24 août 1572), d'où parti des *politiques,* hommes modérés des deux partis qui rêvent une transaction.

2° *Paix de Loches ou de Beaulieu* (1576) qui accorde aux protestants le libre exercice de leur culte et des places de sûreté ; indignation des catholiques, d'où :

3° **La Ligue (1576)** dirigée à Paris par le conseil des Seize. Elle a pour chef le duc de Guise et pour allié Philippe II. Elle jure de maintenir la religion catholique. Mélange d'hommes convaincus et d'ambitieux, elle a du moins sauvé la France du démembrement préparé par la paix de Loches.

4° *Assassinats de Henri de Guise* 1588, *et de Henri III* (1589). Victoires de Henri IV à Arques sur Mayenne, et à Ivry sur les troupes espagnoles.

5° *Abjuration de Henri IV* et son entrée à Paris (mars 1594.)

SYNCHRONISMES (1528 à 1610), emploi de la poudre à la guerre (vers 1328). — Bulle d'or (1356). — Imitation de J.-C. (vers 1400). — Tamerlan (1400). — Emploi de la boussole (vers 1400). — Turcs à Constantinople (1453). — Imprimerie (1453). — Amérique découverte (1492). — Passage en Asie par le Cap (1497). — Luther (1517). — Chevaliers de Rhode à Malte (1530). — Calvin (1535). — Système de Copernic (1543). — Concile de Trente (1563). — Calendrier Grégorien (1592). — *Ces grands faits ont renouvelé la société moderne.*

LES BOURBONS

TROISIÈME BRANCHE DES CAPÉTIENS (1589 à 1848).

Henri IV (1589 à 1610) : pacification et restauration : voilà son œuvre et celle de Sully.

1° **Pacification :** il y arrive par deux actes importants :

Par l'*édit de Nantes* (avril 1598) qui accorde aux protestants, liberté du culte, égalité civile et politique; mais des chambres mi-parties protestantes et des places de sûreté ce qui faisait un Etat dans l'Etat.

Par la *paix de Vervins* avec l'Espagne (mai 1598), Philippe renonce à toute prétention sur la France.

Henri IV rêve même la paix universelle maintenue par un congrès européen.

2° **Restauration** des finances, de l'agriculture, de l'industrie et du commerce :

Finances : Sully paye 300 millions de dettes, diminue les impôts et amasse 40 millions.

Agriculture : Sully l'encourage par tous les moyens, et Olivier de Serre est chargé de composer un livre pour indiquer les bonnes méthodes et jusqu'à des recettes de ménage (*Théâtre d'agriculture et ménage des champs*).

Industrie du vêtement; plus de 3000 navires anglais venaient nous approvisionner : le roi multiplie les manufactures, le mûrier, et encourage toutes les industries du logement (glaces, cristaux, verreries etc.). Tout ouvrier peut travailler à son compte, moyennant un droit (patente) 1597.

Commerce : canal de Briare; colonies en Guyane et au Canada où Champlain fonde Québec.

HISTOIRE DE L'EUROPE

QUESTION II

GÉOGRAPHIE POLITIQUE DE L'EUROPE EN 1610.

FRANCE : entre l'*Authie,* la Meuse, la Saône, les Alpes, la Méditerranée, le *Tet* et l'Atlantique (*France actuelle, moins :* Artois, Flandre, Lorraine, Franche-Comté, une partie de l'Ain, Avignon et le Roussillon 12 provinces).

GRANDE-BRETAGNE : comme maintenant.

ESPAGNE : toute la péninsule *y compris le Portugal,* les Baléares, la Sardaigne, les Deux-Siciles, Malte et Gozzo, le Milanais, la Franche-Comté et la Belgique actuelle se prolongeant au nord jusqu'au Rhin, au sud jusqu'à l'*Authie ; toute l'Amérique* entre Patagonie et Missouri, excepté Brésil.

ITALIE : *cinq* grands morceaux, non compris les deux Etats espagnols : 1° *Venise* (Vénétie, Istrie, Dalmatie, Candie) ; 2° *Gênes* (avec Corse) ; 3° *Savoie* et Piémont ; 4° *Toscane ;* 5° *Etats de l'Eglise.*

SUISSE : *treize cantons :* Schwitz, Uri, Unterwald, Lucerne, Glaris, Zug, et Fribourg *catholiques ;* Zurich, Schaffouse, Bâle, Soleure et Berne, *protestants.*

ALLEMAGNE : agglomération de *sept électorats* et d'une foule d'autres petits états indépendants, dont l'électeur d'Autriche était le chef nominatif sous le titre d'empereur. Ils formaient deux ligues depuis 1618 ; la *ligue catholique* et la *ligue protestante. Limites :* Sleswig, Baltique, Oder, Monts de Bohême, *Leytha,* Italie, Suisse, France, Pays-Bas, (toute l'Allemagne actuelle et l'Autriche Cisleythane (1). L'électorat de **BRANDEBOURG,** noyau de la Prusse future ne comprend encore que le territoire de Berlin. — L'électorat d'**AUTRICHE** possède en propre : la Bohême, la Moravie, la Hongrie et le Frioul de Trieste.

POLOGNE : Bassins entiers de la Wartha et de la

(1) Bon à examiner : la Leytha, atl. de Drioux.

Vistule, au-delà de la Vistule, jusqu'à la Duna, aux Carpathes, au Dniéper (elle touche à la Baltique par la Livonie et Dantzig).

PRUSSE : enclavée dans la Pologne entre Niémen et Vistule, un prince de Brandebourg en est chef.

RUSSIE : longue zone, entre mer Glaciale et mer Caspienne, bordée à l'Est par l'Oural, mais ne touchant pas à la mer Noire et à la Baltique.

Turquie : Grèce et Turquie actuelles avec tout le littoral européen de la mer Noire, lac turc à cette époque.

Danemark : Slesvig et possessions actuelles, *plus* le sud de la Suède, la Norwége et la Laponie ;

Suède : tout le tour de la Baltique depuis la Gothie jusqu'à la Livonie.

LOUIS XIII

(Réunion de l'Alsace, excepté Strasbourg et Montbéliard, de Vieux-Brisach et de Philipsbourg, de Cayenne, Sénégal, Guadeloupe.

QUESTION III (1610 à 1643).

Louis XIII, prince ennuyé comme Louis XV et faible d'esprit et de corps, fut gouverné toute sa vie : par la régente, l'opiniâtre *Marie de Médicis ;* par le Florentin *Concini ;* par de *Luynes,* son éleveur d'oiseaux et enfin par Richelieu. D'abord les Grands se révoltent quatre fois avec Condé ; mais ils se calment à prix d'argent. En 1613, la honte les prenant, pour avoir l'air de songer au bien de l'Etat ils introduisent comme clause de la *paix de Ste-Ménéhoulde* la convocation des Etats-généraux.

Etats-généraux de 1614 : *Le Clergé* veut qu'on publie les articles du concile de Trente, relatifs à la juridiction du pape sur le pouvoir temporel ; *le tiers,* que l'on condamne cette doctrine et que l'on supprime tous les priviléges. On s'injurie de part et d'autre et l'on se sépare. L'orateur du clergé était Armand du Plessis qui sera ministre dix ans plus tard sous le nom de Richelieu.

Richelieu (1624 à 1682). Son œuvre se résume à *trois faits généraux :* lutte contre les protestants ; lutte contre la noblesse ; lutte contre la maison d'Autriche.

1° Lutte contre les protestants comme parti politique (1627-1628).

Cause : Ils ont organisé une république, avec la Rochelle pour capitale, et le duc de Rohan pour généralissime (1621) et ils correspondent avec tous les rebelles du royaume et avec l'étranger.

Lutte sur deux points : *à la Rochelle* le beau Buckingham est chassé de l'île de Ré avec ses anglais, la ville, isolée de la mer par une *digue*, cède à la famine, malgré l'héroïsme de son maire *Guitton*. — En *Languedoc*, Rohan se multiplie sans succès contre Condé et Montmorency.

Résultats : 1° *paix d'Alais* (1629) : Les protestants conservent la liberté de conscience, leurs temples et les chambres mi-parties ; mais leurs villes de sûreté seront démantelées. — 2° création d'une marine, et des ports de Brouage et de Brest, agrandissement de celui de Toulon (colonies à Cayenne, au Sénégal et à la Guadeloupe).

2° Lutte contre la noblesse (ruine de la 3e féodalité, les gouverneurs de provinces).

Causes : insubordination et conspirations (*Journée des Dupes*).

Lutte : 1° par la *suppression* des places dangereuses de grand amiral et de connétable ;

2° par l'envoi auprès de chaque gouverneur d'un *intendant roturier* qui l'annihile en cumulant tous les pouvoirs.

3° par la *démolition des forteresses* inutiles à la défense nationale.

3° surtout *par les supplices*, la prison et l'exil, sans égard pour l'âge ou le rang : *il fait décapiter* Chalais, Bouteville et Lachapelle, le maréchal de Marillac, Montmorency, Cinq-Mars, et, par une injustice odieuse, le vertueux de Thou ;

Il emprisonne d'Ornano, le garde des sceaux Marillac, Bassompierre ;

Il exile la duchesse de Chevreuse, Gaston, frère du roi, et jusqu'à la reine-mère, Marie de Médicis ; *il humilie* le risible d'Eperon en lui faisant faire des excuses publiques à Sourdis, archevêque de Bordeaux.

3° Lutte contre la Maison d'Autriche :

1° Richelieu coupe ses communications avec la branche espagnole, maîtresse du Milanais, en assurant aux Grisons le passage de la Valteline (haute vallée de l'Adda) ;

2° il entre en ligne avec ses ennemis dans la guerre de *Trente-Ans*, ou bien il leur envoie de l'argent (1).

Guerre de Trente ans (1618 à 1648).

Causes : Irritation des protestants. Les Bohémiens protestants jettent par la fenêtre (défénestration de Prague) les gouverneurs de l'Autriche catholique, à laquelle ils étaient annexés, et nomment roi de Bohême l'électeur palatin, *chef de la ligue protestante* (2). Le prétexte était la violation par l'empereur des *lettres de Majesté* qui garantissaient la liberté religieuse de la Bohême.

Lutte (quatre périodes portant le nom du principal allié des protestants. Les 3 premières sont de *cinq ans* chacune, et les catholiques y sont victorieux.)

Période palatine (1618 à 1623). Les protestants battus, la Bohême rentre au pouvoir de l'Autriche, et le prince palatin perd le *palatinat* (nord de l'Alsace) donné à la Bavière.

Période Danoise (1624 à 1629). Les Danois appelés au secours de leurs coreligionnaires sont battus à Lutter par Tilly et le Mecklembourg leur est enlevé par Waldstein. — Paix. — L'*édit de restitution* de tous les Etats sécularisés rallume la guerre.

Période suédoise (1630-1635) : Le chevale-

(1) C'est la suite des guerres de François Ier et de Henri II.
(2) En 1608, il s'était formé deux ligues en Allemagne : une catholique, dont le duc de Bavière était chef, et la ligue protestante.

resque Gustave-Adolphe roi de Suède, bat Tilly à *Leipsick* et le tue au passage du *Lech*; mais il est tué luimême à *Lutzen* par Waldstein, quoique victorieux, et les Suédois défaits à *Norlingen* signent le traité de Prague.

Période française (ou Franco-Suédoise (1635 à 1648) contre Impériaux et Espagnols d'où lutte sur *six théâtres* :

1° EN POMÉRANIE (Suédois) : *Banner, Torstenson* et *Wrangel* retiennent devant eux une partie des troupes catholiques et ravagent toute l'Allemagne du nord ;

2° EN BELGIQUE (Français) : *Arras* et *Artois* conquis par La Meilleraye, neveu de Richelieu.

3° PYRÉNÉES (Français) : Le Roi et Richelieu prennent le *Roussillon*. Il sont favorisés par le soulèvement de la Catalogne et du Portugal, qui se sépare définitivement de l'Espagne.

4° AUX ALPES (Français) : d'Harcourt 3 fois vainqueur du duc de Savoie et des Espagnols.

5° RHIN :
- BERNARD DE SAXE-WEIMAR prend une partie de l'Alsace. Il meurt.
- GUÉBRIAND achève la conquête de l'Alsace ; mais il est tué.
- CONDÉ vainqueur à *Rocroy* (5 jours après la mort de Louis XIII), à *Fribourg, Nordlingen* et Lens (1648), ce qui amène la paix de Westphalie.

Traité de Westphalie (1648). (*L'Espagne veut continuer la guerre avec nous*).

1° *L'Empereur* conserve son titre pour toute l'Allemagne.

2° *Allemagne* devient une *confédération de 360 Etats* qui peuvent faire la paix et la guerre sous l'Empereur.

3° *Protestants* ont la liberté de commerce, et le palatinat est rendu à son ancien électeur (8e électorat pour Bavière).

4° *A la Suède* : bouches des trois fleuves allemands, Oder, Elbe, Weser, avec les îles ;

5° *A la France* : *l'Alsace,* moins Strasbourg et Montbéliard, ce qui nous permet de cerner la Franche-Comté et la Lorraine. — *Deux clefs* de l'Allemagne : dans le duché de Bade : Vieux-Brisach et Philipsbourg :

Le traité des Pyrénées nous donnera le reste des places prétendues par Richelieu (v. p. 28).

QUESTION IV (1603 à 1660)

LES STUARTS EN ANGLETERRE CROMWELL

Les Stuarts : deux Jacques et deux Charles descendants des Tudor, sous lesquels le parlement a perdu toute autorité : de là sa lutte avec les nouveaux venus pour la recouvrer.

Jacques Ier **(1683-1625)** est fils de Marie Stuart et déjà roi d'Ecosse. La pédante (1) et « sacrée majesté, » fougueux anglican, fanatique du *droit divin,* et flanquée de vauriens tels que Buckingham, déplut à tout le monde.

1° *aux catholiques,* qui voyant maintenir les *lois pénales* édictées contre eux par Elisabeth, préparèrent la *conspiration des poudres* pour le faire sauter avec ses ministres et le parlement (1605). On les priva de toutes fonctions et ils furent internés entre 7 et 15 kilomètres de Londres.

2° *aux puritains ou non-conformistes,* qui s'embarquèrent en masse pour le *cap Cod* et formèrent le noyau des Etats-Unis.

3° *au parlement surtout,* décidé à recouvrer ses droits confisqués par Elisabeth, et qui goûtait peu la théorie royal du *droit divin,* ou droit de régner sans parlement ; théorie dont le clergé anglican faisait un dogme : aussi les deux chambres malgré *trois dissolutions* maintinrent-elles leur droit au vote des subsides et au contrôle politique.

Charles Ier **(1625 à 1648).** Mêmes idées que son

(1) Il écrivait sur la théologie. C'est pourquoi Henri IV l'appelait Maître-Jacques.

père : il froisse d'abord la nation en épousant la catholique Henriette de France ; il persécute puritains et presbytériens et conserve le beau Buckingham ; et, ce qui doit amener sa perte, il continue la lutte acharnée de son père avec le parlement lequel a pour lui l'opinion publique.

Le règne de Charles Ier se partage, dit M. Duruy, en *trois périodes*.

1re PÉRIODE (1625 à 1629) : Il essaye de gouverner *avec le parlement,* vain essai : pas de subsides sans concessions politiques. Il en dissout *trois* (pétition des droits, assassinat de Buckingham) ;

2e PÉRIODE (1629 à 1640) : Il gouverne *sans parlement,* avec les conseils de lord *Strafford* et de l'archevêque *Land.* Taxes et emprisonnements arbitraires. Hampden membre de la chambre des Communes refuse de payer et se fait traîner de tribunaux en tribunaux. Pour comble Land, veut imposer l'anglicanisme aux presbytériens d'Ecosse, qui signent un *covenant* ou ligue pour résister ;

3e PÉRIODE : Il est forcé de rappeler le parlement pour lutter contre les Ecossais.

LONG PARLEMENT (1640 à 1655) : Il décapite Strafford, enferme Land, et menace le roi lui-même à propos d'un massacre des protestants en Irlande. Charles se retire à York pendant que l'intrépide Henriette lui raccole des troupes en Hollande et que ses partisans le rejoignent :

GUERRE CIVILE : (Le parlement a pour lui les villes.)

Cause immédiate : Charles veut entrer à Hull, le gouverneur nommé par le parlement refuse d'ouvrir. Indignation et

LUTTE :

Royalistes ou *cavaliers vainqueurs* à *Worcester* (chef : le prince Robert, et Montrose.)

Parlementaires, ou têtes rondes, vainqueurs à *Newbury, Marston-Moor, Noseby,* grâce au colonel Cromwell et au Covenant fait avec l'Ecosse.

Résultat : Le Roi se réfugie dans l'armée écossaise, qui le *vend* à *Cromwell.* Il est condamné à mort et exécuté, le

9 février 1649. République proclamée, soulèvement de l'Ecosse et de l'Irlande.

RÉPUBLIQUE DE 1648.

Cromwell noie l'Irlande dans le sang et la soumet; cependant

Monk, attaché à la fortune de Cromwell, lui soumet l'Ecosse.

Acte de navigation, lancé contre la Hollande qui ne veut pas s'annexer: On n'aura plus en Angleterre que des marchandises apportées par navires anglais (1651) aux termes de cet *Act.*

Olivier Cromwell, *protecteur des trois royaumes* (1453): Il fait la paix avec la Hollande et la guerre à l'Espagne de concert avec la France, ce qui lui vaut *Dunkerque* et la *Jamaïque.* — Sa mort, en 1658.

Richard Cromwell, protecteur, abdique, en 1660.

Monk rappelle les Stuarts et les restaure.

LOUIS XIV (1) (1643-1715)

(Réunion du Roussillon, de l'Artois, de la Flandre, de la Franche-Comté, du Mississipi, etc.

QUESTION V (1643-1661)

MINORITÉ DE LOUIS XIV. — LA FRONDE. — GUERRE CONTRE L'ESPAGNE. — TRAITÉ DES PYRÉNÉES.

51 **Minorité de Louis XIV.** — Le roi n'avait que cinq ans; Anne d'Autriche, sa mère, fut nommée Régente par le *Parlement* qu'elle promit de consulter. D'abord elle gouverne avec les *Importants,* ses anciens amis, puis avec Mazarin, habile continuateur de la politique *étrangère* de Richelieu, mais administrateur négligent et cupide. Son élévation amène la Fronde.

(1) *Cinq* guerres sous Louis XIV (fin de celle de *Trente ans, dévolution.* 1re, 2e et 3e coalition). A L'ÉTRANGER : guerre de Pierre le Grand et de Charles XII.

1648-53 **Le Parlement de Paris et la Fronde.** — La Fronde, c'est la lutte du *Parlement* et des *Importants* contre Mazarin.

CAUSE : Le Parlement veut être associé au pouvoir et on ne le consulte pas.

PRÉTEXTE : Edits fiscaux d'Emeri, surintendant des finances, et sa banqueroute du mois d'août 1648.

LUTTE (à Paris). Le Parlement la commence en s'opposant aux édits du *toisé* (1644), du *tarif* (1646), afin de gagner l'appui des Parisiens; puis en formant avec les cours des Aides, des Comptes et le grand Conseil, une seule assemblée pour gouverner la France (mai 1648), parodie du Parlement anglais qui faisait la révolution de 1640.

1648 Mazarin fait arrêter quatre conseillers (26 août). Le peuple les délivre à la *journée des Barricades*, et le Parlement fait approuver par la Cour une *constitution de 27 articles*, dont un lui donnait le *vote de l'impôt*. (octobre). Condé, revenu de Lens, est envoyé pour bloquer Paris par la Régence retirée à Saint-Germain.

1653 RÉSULTATS DE LA FRONDE : le Parlement renonce à tout pouvoir politique, et le roi reste seul maître, ce qui vaut mieux qu'une chambre *héréditaire*.

1654-59 **Guerre contre l'Espagne.** — L'Espagne n'ayant pas accédé à la paix de Westphalie (1648), malgré les victoires de Rocroi (1643) et de Lens (1648), avait profité de la Fronde pour nous reprendre Dunkerque. Elle assiégeait Arras en 1653. Turenne chasse Condé et les Espagnols d'*Arras* (1654), les bat aux *Dunes* (1658) et prend *Dunkerque*, avec le secours des Anglais de *Cromwell*, qui enlève et garde *la Jamaïque* (1655).

1659 **Traité des Pyrénées** (1658) (1). — *Roussillon* et *Artois à la France* avec la main de Marie-Thérèse, qui renonce à ses droits à la couronne d'Espagne, si l'on paye une dot de *cinq cent mille écus d'or*. *Jamaïque* aux Anglais et *Dunkerque*, qu'ils vendront à la France en 1662.

(1) Remarquez que les dates des traités faits sous Louis XIV finissent par 8, excepté le dernier : Westphalie (1648), traité des Pyrénées (1658), d'Aix-la-Chapelle (1668), de Nimègue (1678), de Ryswich (1698). — Ce traité, comme les deux suivants, fut l'œuvre de Lionne.

QUESTION VI (1661-1685)

GOUVERNEMENT PERSONNEL DE LOUIS XIV. — COLBERT ET LOUVOIS. — CONQUÊTE DE LA FLANDRE ET DE LA FRANCHE-COMTÉ. — TRAITÉS D'AIX-LA-CHAPELLE ET DE NIMÈGUE. — CHAMBRES DE RÉUNION. — RÉVOCATION DE L'ÉDIT DE NANTES.

Gouvernement personnel de Louis XIV. — Le roi gouverne en maître absolu, dirigé surtout par un *vif sentiment de la dignité de la France*, et par le conseil d'habiles ministres tels que Colbert et Louvois.

Colbert : Ancien *commerçant*, ses prédilections sont pour l'*industrie* et le *commerce*, bien qu'il ne néglige pas l'agriculture (1). Dans tout ce qu'il fait, il n'a guère en vue que les finances et la splendeur de la France.

Son plan : *Diminuer* les dépenses, *augmenter* les revenus, tout en diminuant les impôts directs payés surtout par les pauvres.

Il diminue les dépenses de quatre manières principales : 1° En remboursant les rentes vendues à vil prix ; 2° en réduisant le taux d'intérêt des dettes de l'Etat à 5/0 ; 3° en abaissant les droits de perception à 15 deniers au lieu de 5 sous ; 4° en faisant fabriquer les monnaies par l'Etat.

Il augmente les revenus de quatre manières principales : 1° En faisant restituer 100 millions aux traitants ; 2° en élevant les *droits sur les consommations* ; 3° en réduisant le *nombre des juges et des nobles* qui ne payaient pas ; 4° en multipliant les recettes des douanes (2) par le *développement de l'industrie, de l'agriculture et du commerce*. De là : *création de manufactures* (voir industrie) ; *système protecteur* (colbertisme) et primes (50 sous par tonneau étranger) ; *marine* marchande et marine militaire pour la protéger (classes, ports militaires, Ecole des gardes-marines, observatoire, etc.) ; *colonies*

(1) Il défendit de saisir les bestiaux, mais il maintint la défense de vendre du grain d'une province à l'autre.

(2) *Augmenter la recette des douanes ;* tout ce qu'il fait se rattache à cette idée.

nouvelles (Petites-Antilles, Saint-Domingue, Louisiane, Terre-Neuve, Gorée, Chandernagor) et cinq compagnies privilégiées; *Code* noir, Code maritime; *routes*, canal du Languedoc, etc.

Louvois. — Il *organise l'armée* à peu près telle qu'elle est.

ADMINISTRATION MILITAIRE CRÉÉE : Casernes, magasins de vivres, hôpitaux, rations, solde, et *commissaires des guerres* pour y veiller, hôtel des Invalides.

ARMÉE ACTIVE RÉORGANISÉE : Soldats divisés en régiments, uniforme, baïonnette, pas. Officiers soumis à l'*ordre du tableau* pour l'avancement *au-dessus de colonel* (1). Ecoles des cadets et d'artillerie, de Metz et de Strasbourg (fonderie de canons à Amsterdam); inspecteurs généraux. — Haras.

GÉNIE ET FORTIFICATIONS : Corps des ingénieurs créé, ceinture de *places fortes* autour de la France, surtout de Dunkerque au Rhin pour fermer les entrées. C'est en partie grâce à ces ressources que Louis XIV fait les cinq guerres suivantes :

1667-8 **Conquête de la Flandre,** 1re COALITION, 1re guerre de la majorité de Louis XIV. — Guerre de Dévolution (2).

CAUSE : En vertu du droit *flamand* de Dévolution, Louis XIV, à qui la dot de Marie-Thérèse n'a pas été payée, réclame, à la mort de Philippe IV (1665), les Pays-Bas et leur annexe, la Franche-Comté.

LUTTE : *Turenne* occupe la Flandre, où Lille seule résiste neuf jours (1667); *Condé* prend la Franche-Comté en vingt jours (1668). Le roi assiste à ces deux expéditions.

1668 **Traité d'Aix-la-Chapelle.** — La Hollande force Louis XIV à le conclure en nouant la *triple alliance*. La Flandre nous est cédée, mais la Franche-Comté est rendue à l'Espagne. Cette restitution amène la guerre suivante : **Conquête de la Franche-Comté.** —

1672 **Guerre de Hollande,** 1re COALITION, 2e guerre.

CAUSES : Ressentiment de Louis XIV contre la Hollande,

(1) Au-dessous, les grades s'achetaient.

(2) Succession du père *dévolue* aux enfants du premier lit en Flandre; Charles II, le nouveau roi était du deuxième lit, Marie-Thérèse du premier lit.

qui l'a arrêté dans la dernière guerre. Elle a frappé, dit-on, une médaille offensante, et prohibé les marchandises françaises.

L'armée marche le long de la Meuse, et *passe le Rhin* à Tolhuys (fait militaire de 4e ordre, suivant Napoléon). Toutes les villes ouvraient leurs portes; mais Guillaume d'Orange, nommé stathouder après l'assassinat des frères de Witt, nous force à reculer en *rompant les digues* et en formant la 1re coalition contre Louis XIV (1). Alliance conclue à la Haye entre Hollande, Espagne, Empereur et Lorraine (2). (On achète la neutralité de l'Angleterre.)

Lutte (sur cinq points) :

1° Pays-Bas : { Condé bat les Hollandais à *Senef* (1674). Luxembourg, vainqueur à *Cassel* (1677), prend *Valenciennes* et *Cambrai*.

2° Franche-Comté : *Besançon* et la province entière enlevées par le roi et Vauban.

3° Rhin : { Turenne incendie *le Palatinat* (1674), bat les Impériaux à *Mulhouse, Colmar* et *Turkhein*, et meurt en les poursuivant, à *Salzbach* (Bade), 1675. Condé chasse les Impériaux revenus pour assiéger *Haguenau* et *Saverne* (1675). Créqui leur prend *Fribourg* (1678).

4° Pyrénées : Schomberg bat les Espagnols qui ont pris Bellegarde.

5° En mer : Duquesne bat les Hollandais à *Stromboli*, à *Agosta*, où périt Ruyter, et à *Palerme* (1676). Messine se donne à nous.

1678 **Paix de Nimègue :**

A la France : Franche-Comté et douze places des Pays-Bas.

A la Hollande : Abolition du tarif de 1667.

Chambres de réunion. — (A Tournay, Metz, Brisach et Besançon).

(1) Trois coalitions contre Louis XIV, cinq contre Napoléon.

(2) Il suffit de connaître quels sont les coalisés pour savoir de quel côté se fait la guerre. Les cinq points *ordinaires* par où l'on attaque sont le Nord, le Rhin, les Alpes, les Pyrénées et la mer. La Suisse est neutre. Nous suivrons ordinairement cet ordre en commençant par le Nord.

Destinées à rechercher et à déterminer quelles sont les dépendances de la Flandre, des Trois Evêchés, de l'Alsace et de la Franche-Comté, elles réunissent à la France *Strasbourg* et plus de vingt autres villes.

1685 **Révocation de l'édit de Nantes.** — Cédant à ses instincts d'unité, aux conseils de Louvois et de Le Tellier, à l'*opinion générale,* Louis XIV interdit l'exercice public du protestantisme : missions, dragonnades ; plus de 100,000 familles s'expatrient, et parmi elles, Schomberg, Papin, etc. Les protestants, exclus des fonctions publiques, étaient tous dans l'industrie : ce fut une ruine. De là aussi la révolution de 1688 en Angleterre.

QUESTION VII (1685-1715)

RÉVOLUTION DE 1688 EN ANGLETERRE. — GUILLAUME III. — GUERRES DE LA LIGUE D'AUGSBOURG ET DE LA SUCCESSION D'ESPAGNE. — TRAITÉS DE RYSWICK, D'UTRECHT ET DE RASTADT.

1688 **Révolution de 1688 en Angleterre.** — Les Stuarts avaient été restaurés en 1660.

Charles II (1660-1685), d'abord persécuteur des non-anglicans, publia dans la suite une *déclaration d'indulgence* en leur faveur. Les whigs (membres de l'opposition, adversaires des tories ou royalistes) y répondent par les *trois bills* du *test* ou de l'épreuve (1673), d'*exclusion* (1679), d'*habeas corpus* (1679), et par le complot de *Rye-House* (1683) dont *Russel* est victime.

Jacques II (1685-1688), catholique. Monté sur le trône malgré le *bill d'exclusion,* il fait gouverner le pays par le jésuite Peters. Il lui naît un fils (1688); c'est *alors* que ses sujets appellent de Hollande son gendre Guillaume de Nassau.

Résultats pour la France : Les Anglais, auparavant nos alliés, seront désormais à la tête des coalitions contre la France, protectrice des catholiques.

Guillaume III (1688-1702), *stathouder de Hollande,*

calviniste austère, ennemi acharné de Louis XIV, jure, pour être agréé, la *Déclaration des Droits* (janvier 1689). Immédiatement il commença la guerre de la ligue d'Augsbourg qu'il avait nouée pour venger les protestants chassés de France.

18 **Guerre de la ligue d'Augsbourg** (1).

CAUSES : Opérations des Chambres de réunion; révocation de l'édit de Nantes; révolution de 1688, qui fait entrer l'Angleterre en lice contre Louis XIV, champion du catholicisme.

LUTTE (sur cinq points) pendant que les Turcs attaquent l'Empire à revers.

1° PAYS-BAS : Luxembourg vainqueur à *Fleurus* (1690), *Steinkerque* (1692), *Nerwinde* (1693), prend *Mons* et *Namur*; cette dernière ville est bientôt perdue par Villeroi.

2° RHIN : Duras, le Dauphin et de Lorges incendient le *Palatinat* pour arrêter les Impériaux.

3° ITALIE : Catinat bat Victor-Amédée à *Staffarde* (1692), fuit devant Eugène qui ravage le Dauphiné, rentre à sa suite, et bat de nouveau Victor-Amédée à *la Marsaille* (1697).

4° ESPAGNE : Vendôme prend *Barcelone* (1697).

5° SUR MER :

- CHATEAU-RENAUD vainqueur à *Bantry* (1689), mais Jacques II battu à *la Boyne* (1630).
- TOURVILLE vainqueur à *Beachy-Head* (1689), est battu à *La Hogue* (1692) pendant qu'il attend d'Estrées qui vient de Toulon; mais il est vainqueur à *Lagos* (1693).
- JEAN BART, DUGUAY-TROUIN, POINTIS, corsaires (Pointis prend Carthagène, 1693).

7 **Traité de Ryswick**, près La Haye (octobre 1697).

(1) 1689 à 1789, six guerres, dont les quatre premières de succession (succession d'Angleterre, d'Espagne, de Pologne, d'Autriche; guerres de Sept ans et des États-Unis).

LA FRANCE :
- 1° Rend ses conquêtes depuis la paix de Nimègue, excepté *Strasbourg*, *Landau*, *Longwy*, *Sarrelouis*, mais elle acquiert la baie d'Hudson et la moitié de Terre-Neuve;
- 2° Elle reconnaît Guillaume comme roi d'Angleterre ;
- 3° Elle abolit pour les Hollandais le droit de 50 sous par tonneau établi par Colbert.

Jacques II étant mort en 1701, Louis XIV viola le traité en reconnaissant son fils, de là :

1701-14 **Guerre de la succession d'Espagne** (Troisième coalition).

CAUSE : *Philippe, fils du Grand-Dauphin,* arrière petit-fils de *Philippe IV,* qui l'avait désigné comme successeur, et l'archiduc *Charles,* arrière-petit-fils de *Philippe III*, et par conséquent *plus éloigné d'un degré*, se disputent la succession d'Espagne.

PLAN DES ALLIÉS : Prendre les possessions extérieures de l'Espagne (Naples, Milanais, Belgique), avant d'envahir la France. Les trois défaites de *Spire* (1703), de *Ramillies* et de *Turin* (1706), nous font rentrer dans nos frontières.

LUTTE (sur cinq points) (1) : *France* avec *Bavière* contre *Autriche, Angleterre, Hollande, Portugal, Prusse.*

1° PAYS-BAS :
- BOUFFLERS recule devant Marlborough; mais bat les Hollandais à *Eckeren* (1703).
- VILLEROI laisse aller Marlborough en Bavière, et se fait battre à son retour à *Ramillies* (1706), ce qui nous fait perdre les Pays-Bas.
- VENDÔME battu à *Oudenarde*, d'où prise de *Lille* (1708).
- VILLARS vaincu à *Malplaquet* (1909) est vainqueur à *Denain* (1712).

2° RHIN :
- CATINAT laisse les Impériaux passer le Rhin et prendre *Weissembourg, Landau, Haguenau.*

(1) Et dans les Cévennes, où Villars gagne Cavalier, le chef des Camisards, par un brevet de colonel.

2° Rhin :

- Villars prend *Kehl*, bat les Impériaux à *Friedlingen* (1701), assiége *Inspruck* pour se joindre à Vendôme qui bloque Trente et marcher avec lui sur Vienne (1), mais Vendôme bat en retraite devant le duc de Savoie, et Villars se retire à son tour; mais il bat les Impériaux à *Hochstædt* (1703). Brouillé avec le duc de Bavière, on l'envoie dans les *Cévennes* réduire les protestants révoltés (*Camisards*).
- Tallard bat les Impériaux à *Spire* (1703).
- Marsin est défait à *Hochstædt* (1704) par Marlborough et Eugène, accourus pour sauver Vienne que menaçaient Villars et Vendôme.

3° Italie :

- Catinat ne peut fermer le Tyrol à Eugène qui le bat à *Carpi* (1701). On l'envoie sur le Rhin.
- Villeroi battu à *Chiari* (1701) est pris dans *Crémone* (1702).
- Vendôme vainqueur à *Luzzara* (1702) assiége Trente pour joindre Villars.
- Marsin battu à *Turin* (1706) est chassé d'Italie.

4° Espagne :

- Berwick, par la victoire d'*Almanza* (1707), ramène Philippe de Burgos à Madrid, d'où on l'avait chassé.
- Vendôme l'y ramène une deuxième fois et bat les Autrichiens à *Villaviciosa* (1710).

5° En mer :

- Comte de Toulouse vainqueur à *Velez-Malaga* après la prise de *Gibraltar* (1704).
- Forbin, Cassart, Duguay-Trouin, Pointis, corsaires (prise de *Rio-Janeiro* en 1711 par Duguay-Trouin).

3-14 **Traités d'Utrecht et de Rastadt :** Espagne réduite à la péninsule en Europe. (*Partage de l'empire de Charles-Quint en deux parties.*)

(1) Ce plan de Villars sera repris sous la République : on marchera sur Vienne par l'Italie et le Rhin. (Première et deuxième campagnes d'Italie.)

La FRANCE obtient Espagne et colonies pour Philippe.

L'AUTRICHE, les autres possessions espagnoles d'Europe (Sardaigne, Naples, Milanais, Belgique).

L'ANGLETERRE. Gibraltar et Minorque et les possessions françaises d'Acadie, Terre-Neuve, baie d'Hudson.

La HOLLANDE, quelques places des Pays-Bas pour barrières (Traité des Barrières, 1715).

QUESTION VIII

CARACTÈRE DU GOUVERNEMENT DE LOUIS XIV ET DE SON ADMINISTRATION. — INSTITUTIONS ET FONDATIONS DATANT DE CE RÈGNE. — TABLEAU DES LETTRES, DES ARTS ET DES SCIENCES EN FRANCE PENDANT LE RÈGNE DE LOUIS XIV.

Gouvernement de Louis XIV. — Monarchie absolue (1), unité de pouvoir. Pour arriver à ce résultat, Louis XIV

CENTRALISE toute l'autorité entre ses mains par le moyen des *trente intendants* soumis à ses volontés;

SURVEILLE les particuliers par la *police* et le *cabinet noir;*

ANÉANTIT OU SOUMET ce qui peut lui résister ou lui échapper (*assemblées, clergé, noblesse, tiers état, dissidents* en religion) :

1° ASSEMBLÉES : Il ne réunit pas les *Etats généraux;* il supprime ou annule la plupart des *Etats provinciaux* (Normandie et tout le bassin de la Loire, etc.); il ordonne aux *Parlements* d'enregistrer les édits *sans remontrance*, et même soustrait qui il lui plaît, à leur compétence judiciaire au moyen des lettres de *surséance* ou de celles dites *de cachet*.

2° CLERGÉ : Dignités ecclésiastiques presque toutes données à la bourgeoisie, aussi le roi devient le maître des évêques qui lui donnent raison contre le Pape dans l'affaire de LA RÉGALE (1682), et qui n'hésitent pas à

(1) *Être seul maître.* Louis XIV n'a pas prononcé les mots : « l'État, c'est moi, » mais il les a appliqués.

formuler les quatre articles de l'Eglise gallicane contre l'*infaillibilité du Pape* et son *ingérence dans les affaires temporelles*. (Magnifique sermon de Bossuet sur l'unité de l'Eglise, le seul morceau de vraie poésie lyrique des XVIIe et XVIIIe siècles.)

3° NOBLESSE : Il ne lui laisse que les *grades militaires* et les *gouvernements* des provinces, *sans le pouvoir politique* donné aux intendants. Le duc de Beauvilliers a été le seul noble appelé au conseil du roi pendant ce règne. Tout noble non disgracié doit vivre à la cour, c'est-à-dire sous la main du roi.

4° TIERS-ETAT : Quelques villes avaient encore des mairies *électives*, il les rend *vénales*.

5° DISSIDENTS : Les *protestants*, les *jansénistes* (Dieu ne donne pas sa grâce à tous ceux qui la demandent), les *quiétistes* (il faut aimer Dieu pour lui-même, non pour gagner le ciel ou éviter l'enfer), doivent se soumettre à la croyance royale.

Institutions et fondations de ce règne. — Il faut ajouter aux travaux de Colbert (voir n° II) :

1° POUR LA LÉGISLATION : Ordonnance civile (1667), code Louis (1667), code des eaux et forêts (1669), ordonnance criminelle (1670).

2° POUR LA SURETÉ DES SUJETS OU L'EMBELLISSEMENT DES VILLES : Construction des résidences royales de Versailles et de Marly ; établissement, à Paris, d'une police dirigée par La Reynie (gardes à pied et à cheval) ; fanaux ; pompes à incendie ; Val-de-Grâce, Institut, portes Saint-Martin et Saint-Denis, colonnade du Louvre, etc.

Commerce et industrie :

1° **Industrie :** Colbert fait établir toutes les industries qu'il faut pour *vêtir un riche d'alors* des pieds à la tête, et pour le bien *meubler* : *Bas* au métier près Paris ; *cuirs* préparés ; *toiles* de Picardie et de Bretagne ; *draps fins* à Louviers, Abbeville et Sedan ; *draps communs* d'Elbeuf ; *soieries* de Toulouse et de Lyon ; *serges* et *velours* ; *dentelles* à Alençon, Bayeux, Chantilly, etc. ; *feutres* à Caudebec. — Plantations de garance et de mûriers. Pour l'ameublement : *horlogerie* à Châtellerault ; *glaces* à Paris et à Tourlaville près Cherbourg, tapis et tapisseries à la savonnerie, à Beauvais, aux Gobelins (1); porcelaines de Sèvres; ajoutez : fer blanc, faïence, secret de l'acier anglais dérobé; papiers d'Angoulême. Mais il défendit l'entrée des produits étrangers, oubliant que la concurrence faisant baisser les prix est favorable aux consommateurs c'est-à-dire au plus grand nombre.

2° **Commerce :** Il lui faut des voies de circulation, une marine marchande, des marchés, et la libre circulation, Colbert couvre la France de *grand'routes ; Canal* du Midi; *libre-échange* entre douze provinces; colonies nouvelles (2) (v. page 9) et Compagnies de commerce.

Tableau des lettres, des sciences et des arts en France. — Ecrivains et artistes subissent, à des degrés divers, la *triple influence* de la cour, de la religion et de l'antiquité.

1° **Lettres.** — Tous les écrivains ont le *même but : enseigner;* — les mêmes juges en vue : les esprits délicats de Versailles.

Huit moralistes religieux ou profanes : Pascal (1662) (3), La Rochefoucauld (1680), La Bruyère (1696), Bossuet (1704), Bourdaloue (1704), Fléchier (1710), Fénelon (1715), Massillon (1743).

Cinq poètes principaux : Molière (1673), Corneille (1684), La Fontaine (1695), Racine (1699), Boileau (1711).

Cinq historiens principaux : De Retz (1679), Moréri (1680), Mézerai (1683), Saint-Réal (1692), Fleury (1723).

2° **Arts.** — (Architecture, Sculpture, Peinture, Musique) (3).

Architecture (elle imite l'antiquité et l'Italie) : Mansart (1616), Lenôtre (1700), Perrault (1703).

Sculpture (elle imite peu) : Puget (1695), Girardon (1715), Coysevox (1720).

Peinture (elle imite l'antiquité et l'Italie : Lesueur (1655), Le Poussin (1685), Lebrun (1690), Mignard (1690), Jouvenet (1717).

(1) Remarquez que la plupart de ces villes ont conservé leurs spécialités.
(2) Les colonies ne pouvaient vendre et acheter qu'à leurs métropoles.
(3) Les dates sont celles de la mort des écrivains que nous citons.

MUSIQUE (elle imite l'Italie) : Lulli (1) (1687) introduit la musique de théâtre en France.

3° **Sciences**. — Observation, expérimentation (école de Bacon).

MATHÉMATIQUES : Descartes (1650), Fermat (1652), Pascal (1662).

PHYSIQUE : Mariotte (1684), Papin (1710).

BOTANIQUE : Tournefort (1708).

GÉOGRAPHES ET VOYAGEURS : Sanson (1667), Bernier (1688), Chardin (1713).

ETRANGERS CONTEMPORAINS : Le vieux Téniers (1649), Milton (1674), Hobbes (1679), Rembrandt (1688), le jeune Téniers (1694), Locke (1704), Newton (1726).

LOUIS XV (2) (1714-1774)

(Réunion de la Lorraine et de la Corse, perte des vallées du Mississipi et du Saint-Laurent et des terres par noûs conquises dans l'Inde.)

QUESTION IX (1715-1740)

LOUIS XV. — RÉGENCE DU DUC D'ORLÉANS. — MINISTÈRE DE FLEURY. — GUERRE DE LA SUCCESSION DE POLOGNE. — TRAITÉ DE VIENNE.

15-74 **Louis XV**, fils du duc de Bourgogne, né en 1719. — Prince ennuyé, indifférent et dépravé. Il laissa gouverner successivement le Régent (1715-22), le duc de Bourbon (1723-26), Fleury (1726-43), LA POMPADOUR (1745-64), Choiseul (1758-69), et le triumvirat de Terray, Maupeou et d'Aiguillon (1769-74), et s'enferma avec des courtisanes.

15-23 **Régence du duc d'Orléans.** — Deux faits généraux : Mesures financières, mesures politiques.

(1) Avant Lulli, on ne cultivait que la musique d'église, et la musique de chambre. Les 25 violons du roi étaient toute la musique de France.

(2) Trois guerres sous Louis XV : successions de Pologne, d'Autriche, et guerre de Sept ans. — A L'ÉTRANGER, guerre de Catherine II, de Clive.

Mesures financières (pour payer les trois milliards de dettes de Louis XIV) :

1° *Refonte des monnaies*, en réduisant le titre (1); 2° opérations du *visa* pour réduire les créances; 3° *Chambre ardente* pour dépouiller les traitants ; 4° **Système de Law,** qui hypothèque 1 milliard 600 millions de papier monnaie sur la perception de l'impôt, le monopole du commerce des colonies et les prétendues *mines d'or* du Mississipi. Quand on sait que ces mines n'existent pas, chacun veut réaliser en même temps ; banqueroute (1720) et fuite de Law. Ceux-là seuls ne sont pas ruinés qui ont acheté des terres et des maisons avec leur *papier*.

Mesures politiques : Dubois en est l'agent. Elles ont toutes pour but de garantir au régent la succession éventuelle de Louis XV, enfant maladif; de là, *droits de prince du sang* enlevés aux deux bâtards de Louis XIV (juin 1717); *triple alliance* (janvier 1717) entre France, Angleterre et Hollande contre l'Espagne. En effet, le ministre d'Espagne, Alberoni, avait formé le *triple projet* : 1° d'arracher la Régence au duc d'Orléans ; 2° de rétablir les Stuarts ; 4° de reprendre les possessions espagnoles enlevées par la paix d'Utrecht. La *découverte de la conspiration* de Cellamare (1717), la mort de *Charles XII* et la défaite du *Prétendant* en Ecosse, la *quadruple alliance* et les *victoires de Byng* et de *Berwick* amènent la paix de Madrid (1720) et font échouer ce triple projet. Le régent meurt en 1723. Le duc de Bourbon et Fleury lui succèdent.

1726-43 **Ministère de Fleury.** — Le duc de Bourbon (1723-26) maria le roi à Marie Leczinska, pour s'en faire une protectrice. Il fut remplacé (1726-43) par l'économe et pacifique Fleury, dont le ministère fut marqué par l'affaire des *convulsionnaires* (1727), la guerre de *la succession de Pologne*, et le début de celle de la *succession d'Autriche.*

1733 **Guerre de la succession de Pologne.** — (France et Espagne contre Russie et Autriche).

Cause : Pour protéger Stanislas Leczinski, beau-père du roi, élu par 60,000 voix contre Auguste, électeur de

(1) En mettant plus d'alliage et moins d'argent.

Saxe, qui avait été élu par 3000 voix seulement, mais que soutenaient la Russie et l'Autriche.

Lutte (en Italie et sur le Rhin). La France et l'Espagne contre la Russie et l'Autriche.

1° Italie :
- Villars s'empare du Milanais et meurt à Turin (1734).
- Coigny prend Parme et Plaisance par ses victoires de *Parme* et *Guastalla* (1734).
- Espagnols prennent Naples et Sicile (1734).

2° Rhin : Berwick prend *Kehl* et *Philipsbourg,* et meurt atteint d'un boulet. Arrivée de 10,000 Russes.

Paix de Vienne. — (Médiation de l'Angleterre).

A l'Électeur de Saxe : Pologne.

A Stanislas : Duché de Lorraine, réversible à la France après sa mort.

A l'Espagne : Royaume des Deux-Siciles pour un Infant (1).

Au duc de Lorraine : Toscane après les Médicis.

QUESTION X (1740-1763)

GUERRE DE LA SUCCESSION D'AUTRICHE ET GUERRE DE SEPT ANS. — PROGRÈS DE LA PRUSSE. — FRÉDÉRIC II. — TRAITÉ DE PARIS. — PERTE DES COLONIES FRANÇAISES.

1417-1740 **Progrès du royaume de Prusse.** — Les électeurs de Brandebourg s'établissent successivement sur tous les fleuves, de la Meuse au Niémen, au moyen d'acquisitions ou par des mariages.

1417 Frédéric de Hohenzollern (2), margrave de Nuremberg, petit bourgeois enrichi, achète l'électorat de Brandebourg.

1617 Ses successeurs l'imitent et s'établissent :

Sur le Niémen (1617), en héritant de la *Prusse Orientale* par un mariage.

(1) Commencements des Bourbons de Naples renversés par Garibaldi.
(2) Juste cent ans avant la réforme.

1619 SUR LE RHIN (1619), par la succession de *Juliers,* qui leur donne *Clèves, Mark, Ravensberg.*

SUR LE WESER :
1648 SUR L'ELBE :
SUR L'ODER : } en 1648, par l'acquisition de *Minden, Magdebourg, Camin.*

1658 SUR LA VISTULE (1658) : par l'achat d'*Elbing.*

1702 SUR LA MEUSE : par l'héritage de Guillaume de Nassau (1702), qui leur donne *le pays de Kessel* et *la Gueldre.*

1707 (En 1707) acquisition de *Neufchâtel.*

1720 SUR ODER : Iles d'*Usedom* et *Wollen,* avec *Stettin* et *Poméranie* au sud de la Peene (Traité de Stockolm, 1720).

1740 **Frédéric II, dit le Grand** (1740-86). — *Philosophe* et lettré, *tacticien* assez froid, politique de l'école de Machiavel, n'eut d'autre morale que ce qu'il crut être l'intérêt de son royaume. De là

1741-48 **Guerre de la Succession d'Autriche** (1re Guerre de Sept ans).

CAUSE : Mort de Charles VI, sans autre héritier que sa fille Marie-Thérèse. Frédéric, roi de Prusse, le duc de Bavière, gendre de l'avant-dernier empereur et plusieurs autres, réclament une part de cette succession ; la France, poussée par sa politique traditionnelle d'affaiblir l'Autriche, soutient le duc de Bavière.

LUTTE : 1° en Allemagne (Silésie, Bohême, Mein) ; 2° aux frontières et en mer (Pays-Bas et Italie).

1° ALLEMAGNE CENTRALE :
- FRÉDÉRIC II devient maître de la Silésie par les victoires de *Molwitz* (1741) et de *Czaslau* (1742).
- BELLE-ISLE s'empare de *Prague* (1741) après avoir enlevé *Lintz* ; cerné, il sort par *Egra* (1742).
- MAILLEBOIS ouvre une retraite à Belle-Isle en prenant *Egra* (1742).
- NOAILLES est défait à *Dettingen* (sur le Mein), par les Anglais (1743).

2° PAYS-BAS : Le maréchal de Saxe bat les alliés à *Fontenoy* (1745), à *Raucoux* et *Lawfeld* (1746), ce qui nous livre la Belgique. — Il prend Maëstricht (1748).

3° Italie : Les Franco-Espagnols prennent *Nice* par la victoire de *Coni* (1744), le Milanais par celle de *Bassignano* (1745), mais ils sont défaits à *Plaisance* (1746) et la *Provence* est envahie.

4° En mer :

Europe : 1° Bataille de *Toulon* (1744) ; *Brest* et *Lorient* bloqués (1745) ; combat du cap *Finistère* livré par le marquis de la Jonquière à la flotte anglaise (1747), combat naval près de *Belle-Isle* livré par de l'Estanduère aux Anglais (1747).

2° Charles-Edouard vainqueur des Anglais à *Preston* (1745), à *Falkirk* (1746), est battu à *Culloden* (1746), Ecosse.

Amérique : *Louisbourg* et l'île de *Cap Breton* nous sont pris par les Anglais (1745).

Asie : La Bourdonnais prend *Madras* (1746), Dupleix défend *Pondichéry* (1747).

1748 **Traité d'Aix-la-Chapelle** parce que les Anglais redoutent de nous voir occuper Anvers en face de Londres.

A la Prusse : Abandon de la Silésie.

A la France : Abandon de ses conquêtes contre celles des Anglais.

A l'Espagne : Parme et Plaisance à un Infant.

A l'Angleterre : Reconnaissance de la maison de Hanovre.

A l'Autriche : Reconnaissance de Marie-Thérèse, qui recommence la guerre pour recouvrer la Silésie.

1756-63 **Guerre de sept ans** (dite aussi 2° guerre de la succession d'Autriche).

Causes : 1° Marie-Thérèse veut reprendre la Silésie ; 2° les Anglais convoitent nos colonies ; — meurtre de Jumonville (1754) et capture de trois cents navires français, en pleine paix.

Lutte (continentale et maritime contre le Hanovre, la Prusse et l'Angleterre).

Contre LE HANOVRE possession anglaise (1).	LES FRANÇAIS (1re armée), commandés successivement par d'Estrées, Richelieu et Clermont, sont vainqueurs à *Hastembeck* sur Weser (1757) ; ils enferment et font capituler Cumberland à *Closterseven* (1757) ; mais chassés au delà du Rhin par Brunswick, successeur de Cumberland, ils sont battus à *Crevelt* (1758).
Contre LA PRUSSE.	LES FRANÇAIS (2e armée), commandés successivement par Soubise, Contades et Broglie, sont défaits par les Autrichiens à *Rosbach*, près d'Iéna (1757) ; ils sont ensuite vainqueurs à *Sondershausen*, à *Lutzelberg* (1758), à *Bergen* (1759), à *Corbach* (1760), à *Clostercamp*, où se dévoue d'*Assas* (1760) ; mais Contades a été battu à *Minden* (1759) et Broglie à *Vellinghausen*, sur la Lippe (1759). SAXONS, cernés à *Pirna* et incorporés dans l'armée prussienne (1757). RUSSES : Prennent *Memel* (1757), *Kœnigsberg* (1757), battent les Prussiens à *Iægerndorf* (1757), mais sont battus par Frédéric à *Zorndorf*, près Custrin (1758), puis vainqueurs de nouveau à *Zullichau* et à *Kunnerdorf*, près Berlin (1759), AUTRICHIENS : Frédéric les bat à *Lowoïtz*, en Bohême, et à Prague (1751) ; il est battu à *Kollin* (1757) et la Saxe est envahie. Après Rosbach, il poursuit les Autrichiens en Silésie, les bat à *Lissa* (1757), à *Liegnitz* (1760), à *Torgau* (1760).
Contre l'ANGLETERRE	MINORQUE conquise par La Galissonnière et Richelieu (1756). Bataille de *Rochefort*, livrée aux Anglais par Maureville (1756). DEUX DESCENTES DES ANGLAIS : à *Saint-Malo* (1758), à *Cherbourg* (1758) ; ils sont battus à *Saint-Cast* (1758).

(1) Jusqu'à l'avénement d'une fille (1714 à 1837).

En mer et aux Colonies.	Prépratifs d'une descente en Angleterre : Laclue, parti de Toulon, est battu à *Lagos* (1759), en rejoignant la flotte de l'Océan, qui s'échoue sur les côtes du Morbihan (*bataille de M. de Conflans*, 1759). Thurot, sorti de Dunkerque, débarque en Irlande et se fait tuer (prise de *Belle-Isle*, 1761). Toutes nos colonies enlevées à Vaudreuil, à Montcalm, Lally, par Wolf et Clive (Canada et Inde).

Ces échecs ne purent être prévenus par le *Pacte de famille* (1761), qui devait unir les Bourbons d'Espagne et de Naples à la maison de France en une ligue offensive et défensive.

1763 **Traité de Paris. — Perte des colonies françaises.**

A l'Angleterre : Canada et cap Breton; Dominique, Saint-Vincent, Grenadilles, Grenade, Tabago; Sénégal (moins Gorée). — La Floride et la baie de Pensacola cédées par l'Espagne (1).

A la Prusse : La Silésie (traité d'Hubertsbourg).

A l'Espagne : Minorque, et pour indemniser la France lui donne la Louisiane.

A la France : La Martinique, la Guadeloupe, Marie-Galante. La France recouvrait aussi des comptoirs en Afrique et dans les Indes Orientales.

QUESTION XI (1763-1774)

FIN DU RÈGNE DE LOUIS XV. — ACQUISITION DE LA LORRAINE ET DE LA CORSE. — DESTRUCTION DES PARLEMENTS. — ÉTAT DES ESPRITS A CETTE ÉPOQUE; PROGRÈS DES SCIENCES.

1764-74 **Fin du règne de Louis XV** (2) (après le traité de Paris, 1763).

Le règne de Louis XV finit par le ministère patriotique

(1) La Martinique et la Guadeloupe sont restituées.
(2) 1764. Mort de la reine, du dauphin et de la Pompadour.

de Choiseul et par le triumvirat du duc d'Aiguillon, de Maupeou et de Terray, créatures de la Dubarry.

1766 **Réunion de la Lorraine et de la Corse :** La *Lorraine* fut annexée sans objection à la mort de Stanislas (1766), selon la clause du traité de Vienne. — La *Corse* par un édit du 15 août 1768 (1). Elle nous avait été vendue par Gênes, qui ne pouvait réprimer une insurrection dirigée par le brave Paoli. Battu par les Français à Ponte-Nuovo, Paoli se retira en Angleterre (1769).

1771 **Destruction des parlements** (2). (Fait capital du Triumvirat).

CAUSE : Ils avaient voulu condamner le duc d'Aiguillon *malgré le roi* pour ses malversations en Bretagne. Maupeou démembra de celui de Paris, les conseils de Blois, de Châlons, de Poitiers, de Lyon, de Clermont, et la France fut divisée judiciairement en vingt-deux conseils, ayant des membres *nommés et payés par le roi, et jugeant gratuitement* (1771), œuvre utile, mais incomprise et mal exécutée.

Tableau des lettres, des arts et des sciences au XVIII siècle :

1° **Lettres :** Elles se font l'organe de l'opinion, des sentiments et des aspirations de la nation.

Principaux prosateurs : Lesage et Vauvenargues (m. en 1747); Montesquieu (1755); Fontenelle (1757); Voltaire et J.-J. Rousseau (1778); Buffon (1788); Beaumarchais (1799) et les Encyclopédistes.

Principaux poëtes : J.-B. Rousseau (1741); Voltaire et Piron (1778); Gresset (1777); Gilbert (1780); André Chénier et Florian (1794).

2° **Arts :** Recherche du *joli* au lieu du beau.

ARCHITECTURE : style Louis XV, dont Oppenord fut le créateur : mille caprices. Le type est le château de Luciennes (palais de Nancy, la Favorite, près Mayenne). — Cependant Soufflot fait le Panthéon (1781); Servandoni le portail de Saint-Sulpice.

(1) Jour de la naissance de Napoléon.
(2) Voir n° V.

Sculpture (même goût pour le joli et le gracieux) : Les trois Coustou, Bouchardon, Pigalle. Décadence.

Peinture (même afféterie et même décadence) : Watteau, Carle Vanloo, Joseph Vernet, Greuze, Coypel, Boucher.

Musique : L'art du chant est toujours ignoré et dégénère souvent en cris; instrumentistes supérieurs aux chanteurs : Rameau, Trial, Grétry, Gluck, Piccini.

3° **Sciences :** Leur progrès est marqué sous Louis XV par les travaux de Réaumur (thermomètre, 1730), de Linnée (classification naturelle, 1735); de Clairault et d'Alembert, de La Condamine. Sous Louis XVI les sciences font de grands progrès :

La physique avec Franklin, mort en 1790 (paratonnerre, 1753), Volta (pile, 1794), Galvani (électricité animale, 1791).

L'histoire naturelle avec Buffon (mort en 1788); Parmentier introduit la pomme de terre (1779).

Les mathématiques avec Lagrange (mort en 1813), Laplace (mort en 1827).

La géographie. Six Voyages scientifiques, pour étudier les mers, les rivages, l'astronomie des contrées déjà découvertes ; Georges III, roi d'Angleterre, donne l'initiative en envoyant Byron.

TROIS GRANDS NAVIGATEURS FRANÇAIS.	1766. *Bougainville* (Haïti, les Louisiades). 1786. *Lapérouse* (Manche de Tartarie, détroit de Lapérouse). 1791. *D'Entrecasteaux* (Côtes de la Nouvelle-Calédonie, de la Tasmanie et de l'Austrasie, partie sud).
TROIS NAVIGATEURS ANGLAIS.	1764. *Byron* (îles du Roi-Georges, les Mulgrave, etc.). 1766. *Carteret* (îles de la Reine-Charlotte et Carteret). 1768-72-77. *Cook.* Il fait trois voyages (Nouvelle-Zélande, Nouvelle-Calédonie, Sandwich).

La chimie est créée par Lavoisier (1789).

La médecine découvre la vaccine (Jenner) (1).

(1) L'abbé de l'Épée fonde, en 1778, l'Institution des sourds-muets; Haüy, l'Institut des aveugles (1784).

Philosophes : *discréditent les mœurs, les institutions et même les croyances du passé.* C'est là ce que font les *Encyclopédistes* (Diderot, d'Alembert, d'Holbach, etc.) ; ce que font Voltaire (*Lettres philosophiques*) et Montesquieu (*Lettres persanes*) ; mais celui-ci voit un remède dans la *constitution anglaise* (*Esprit des lois*). — J.-J. Rousseau proclame la souveraineté du peuple (*Contrat social*) et un nouveau système d'éducation (*Emile*).

Economistes : tout dépend de la richesse publique : mais comment la créer ? — Par le *travail de la terre,* dit Quesnay (*Physiocratie*) ; — par le *travail manufacturier,* dit Gournay ; — par tous les *travaux associés aux capitaux,* répond Smith. Mais il exclut le *travail intellectuel* que Say réhabilite (1814). Quant à Turgot et Necker ils sont d'accord sur ce point : LIBERTÉ du travail ou du commerce.

Tout le monde devint plus ou moins disciple de ces doctrines et voulait des réformes.

QUESTION XII (1700-1718)

LUTTE DE LA SUÈDE ET DE LA RUSSIE. — CHARLES XII ET PIERRE LE GRAND.

1697-1718 **Charles XII.** — Né l'année où Pierre le Grand monte sur le trône (1682).

Il possédait à son avénement presque tout le littoral de la Baltique (Bouches du Wéser, de l'Elbe, de l'Oder).

1682-1725 **Pierre le Grand.** — Homme de génie, mais qui resta toujours barbare ; *il créa tout en Russie.*

1° *Armée* disciplinée à l'allemande ;

2° *Marine,* avec des ports à Arkhangel dans le nord, sur la Baltique et même sur la Caspienne ;

3° *Une capitale,* avec les usages, l'industrie et le costume européens (Saint-Pétersbourg, 1703) ;

4° *Le pouvoir absolu,* en se faisant chef de l'Église grecque, en prenant le titre de tzar (César) et en détruisant les strélitz (1698).

A son avénement il ne possédait qu'une longue zone comprise entre Arkhangel et Astrakhan, son empire ne touchait ni à la mer Noire (lac turc), ni à la Baltique (lac suédois).

-21 **Lutte de la Suède et de la Russie.** — (Deux ligues, 1699 et 1709), entre la Russie, le Danemark et la Pologne contre la Suède).

CAUSE : Profiter de la jeunesse de Charles XII pour lui prendre ses provinces de la Baltique.

LUTTE : Triple alliance entre le roi de Danemark, Auguste, roi de Pologne, et Pierre le Grand (1700).

CHARLES XII marche : 1° contre les *Danois* qui ont attaqué le *Holstein* ; il leur impose la paix de Travendal (1700) ; 2° contre les *Russes*, qui assiégent *Narva* ; il les bat (1700) ; 3° contre l'*électeur de Saxe,* roi de Pologne, qui assiége *Riga* ; il le bat sur la *Duna* et le poursuit à travers la Pologne jusqu'en Saxe, où il le force à la paix d'*Alt-Ranstadt* (1707), après avoir fait élire roi de Pologne, à sa place, Stanislas Leczinzki. Il se retourne ensuite contre les Russes, mais au lieu d'aller directement à Moscou il marche vers l'Ukraine, pour rejoindre Mazeppa, hetman des Cosaques, qui lui a promis cent mille hommes ; Pierre accourt, et bat les Suédois à *Pultava* (1709). Fuite de Charles à *Bender* (Turquie). Pierre marche contre les Turcs ; il est vaincu sur le *Pruth* (1711).

RÉSULTATS DE LA DÉFAITE DE PULTAVA (1709) : La ligue se reforme et enlève toutes les provinces de la Baltique, du Wéser et de l'Elbe. La Prusse accède à la ligue.

MORT DE CHARLES XII (1718). De retour en Suède, après avoir traversé l'Allemagne, il est tué au siége de Frédérikshaal, en Norvége.

19-21 **Traités de Stockholm et de Nystadt** (1). (1719-21).

AU DANEMARK : Le Sleswig et le droit de céder à l'Angleterre Brême et Verden, qu'il lui a vendus.

AU DUC DE SAXE : Couronne de Pologne, à l'exclusion de Stanislas.

(1) Sous Ulrique-Éléonore, sœur de Charles XII.

A LA RUSSIE : Le littoral compris entre Riga et Viborg (Carélie, Ingrie, Esthonie, Livonie).

A LA PRUSSE : Bouches de l'Oder (Usedom, Wollin, Stettin et Poméranie entre Peene et Oder).

QUESTION XIII (1773-1793).

CATHERINE II. — PARTAGE DE LA POLOGNE. — GUERRE DE LA RUSSIE CONTRE LA SUÈDE ET LA TURQUIE.

1726-96 **Catherine II la Grande.** — Princesse allemande, instruite et habile; veuve du czar Pierre III, elle fut proclamée impératrice en 1762 et surnommée la Grande à cause de son administration et de ses conquêtes, mais sa dépravation lui valut le surnom de Messaline. — Elle prit aux Turcs le littoral de la mer Noire (1). SON PLAN : Démembrer la Pologne, la Suède et la Turquie, afin de faire de la mer Noire et de la Baltique deux lacs russes.

I. Partage de la Pologne. — (Trois partages : un avant 89, deux après) (2).

1773 1er PARTAGE (entre Russie, Prusse et Autriche).

CAUSE : Catherine, d'accord avec Frédéric II, se déclare protectrice des *non-catholiques*, exclus depuis 1733 de la diète et des magistratures. Deux archevêques protestent : elle les fait arrêter à Varsovie et conduire en Sibérie ; indignation générale des catholiques.

LUTTE : Les Polonais se confédèrent à *Bar* pour chasser les Russes fort répandus en Pologne depuis l'avénement de Poniatowski, amant de Catherine (1768). Les Russes entrent par l'est, les Prussiens par l'ouest, les Autrichiens par le sud, et *les confédérés sont vaincus*.

LES TROIS PARTS :
- AUX RUSSES : le pays à l'est de la Dwina.
- A L'AUTRICHE : la Gallicie.
- A LA PRUSSE : le pays entre Dantzig et Thorn (non compris ces deux villes).

(1) Comme Pierre le Grand a pris celui de la Baltique. (Alexandre prendra le reste en 1808, la Finlande.)

(2) Le deuxième, *vingt ans* après le premier (un an *avant* et *après* le règne de Louis XVI).

3 2° PARTAGE (entre Russie et Prusse) : La Russie seule combat.

CAUSE : *Liberum veto aboli* et *gouvernement héréditaire constitutionnel* établi. Catherine s'y oppose en envahissant de nouveau la Pologne.

LUTTE : Kosciuzko battu par la trahison du roi ; nouveau partage.

LES DEUX PARTS :
- A LA RUSSIE : le pays entre le Dniéper et une ligne tirée de *Dunabourg*, sur la Duna, à *Choczin*, sur le Dniester.
- A LA PRUSSE : Dantzig, Thorn et la vallée de la Wartha (Posen).

5 3° PARTAGE (entre Russie, Prusse et Autriche).

CAUSE : Kosciuszko soulève la Pologne pendant que l'Autriche et la Russie combattent contre la France. — Kociuszko, vainqueur à *Raslavice*, près de Cracovie, est vaincu à *Maciejovice*, près Varsovie, par Souwarow (prise de Varsovie, massacre de Praga).

LES TROIS PARTS :
- A LA PRUSSE : le pays entre le Bog et le Niémen, jusqu'à Grovno.
- A L'AUTRICHE : Cracovie, Sandomir et Lublin, jusqu'au Bog.
- A LA RUSSIE : le reste du royaume.
- (A PONIATOWSKI : une pension en Russie).

89 **II. Guerre de la Russie contre la Suède.**

CAUSE : Gustave III anéantit le parti russe ou des *Bonnets* (1789) ; Catherine, qui s'est entendue avec la Prusse pour maintenir l'anarchie en Suède, déclare la guerre.

LUTTE : Défaite navale des Russes à la double bataille de *Svenksund*, près Viborg (1790).

3-92 **III. Guerre de la Russie contre la Turquie** (*à trois reprises* comme pour la Pologne).

CAUSE : Les Turcs prennent la défense des confédérés de Bar à l'instigation de la France (1769).

1re LUTTE : Ils sont battus à *Choczin*, à *Azoff*, à *Ismaïl*, à *Bender* et sur mer près de *Smyrne ;* ils perdent la *Valachie* et la *Moldavie*.

TRÊVE.

1773 2° LUTTE (1773) : La Turquie recommence la guerre, et fait *lever* le siége de *Silistrie* ; mais elle est défaite à *Kaïnardji*, en Bulgarie.

PAIX DE KAÏNARDJI : *Iénikalé, Kertch, Taganrog, Azoff, rivage entre Bog et Dniéper* cédé à la Russie, avec le protectorat des Moldo-Valaques.

Indépendance des *Tartares* de *Crimée* et du *Kouban*.

1787-92 3° LUTTE.

CAUSE : Les Russes prennent la Crimée et le Kouban et traitent avec l'Autriche pour partager la Turquie.

Les Autrichiens prennent *Belgrade*, les Russes *Bender* et *Ismaïl*.

PAIX DE SISTOWA (1792) devant une menace de la Prusse. Elle donne A L'AUTRICHE : *Orzowa* et un district de Croatie.

PAIX D'IASSY (1792).

Elle donne A LA RUSSIE : la frontière du *Dniester, Otchakof*, la *Crimée* et le *Kouban*.

QUESTION XIV (1651-1763).

PUISSANCE MARITIME ET COLONIALE DE L'ANGLETERRE. — CONQUÊTE DES ANGLAIS AUX INDES ORIENTALES. — RÉGIME COLONIAL.

Puissance maritime et coloniale de l'Angleterre. — Elle date de trois traités : d'Utrecht (1713), de Paris (1763), de Vienne (1815).

CAUSES : Insuffisance du pays pour nourrir ses habitants, acte de navigation (1651). Mines de *fer* et de *houille* qui en font la première puissance manufacturière du monde.

POSSESSIONS ANGLAISES A L'AVÉNEMENT DE GUILLAUME DE NASSAU (1688) :

1° EN AMÉRIQUE : Côte des Etats-Unis, les Bermudes, Bahama, la Jamaïque, Antigoa, la Barbade, Saint-Christophe et Montserrat.

2° En Afrique : Sainte-Hélène, la Gambie, la Côte-d'Or.

3° En Asie : Surate, Madras, Bombay, Calcutta (et Bencoulen à Sumatra).

3. Possessions ajoutées par les traités d'Utrecht, de Paris, de Vienne. — Les Anglais nous ont dépouillés de nos colonies par ces trois traités (1).

Voir numéros V-XV.

Conquêtes des Anglais aux Indes orientales. — Clive (1757-72) nous fait perdre deux cents lieues de côtes conquises par Dupleix au sud de l'embouchure du Kistnah, et s'empare, à divers titres, de tous les pays situés le long du golfe de Bengale, le long du Gange (*Carnatic, Circars, Orissa, Bengale, Bahar, Oude*). Avant 1800 s'y joindra le royaume de *Mysore* (toute la partie au sud du Kistnah, entre les deux côtes).

Régime colonial. *Partout représentatif* et ainsi constitué : 1° Assemblée législative élue par les colons ;

2° Gouverneur et fonctionnaires (pouvoir exécutif) nommés *ici* par le *roi*, *là* par les *seuls* propriétaires, *ailleurs* par *tous* les colons ;

3° Egalité civile (pas de privilégiés), liberté de *croyance*, liberté de *commerce* avec toutes les nations.

N. B. *Les colonies n'envoient pas de représentants au Parlement de Londres, il en résulte la guerre ci-après.*

QUESTION XV (1606-1776).

PROSPÉRITÉ DES COLONIES ANGLAISES D'AMÉRIQUE. — GUERRE DE L'INDÉPENDANCE DES ÉTATS-UNIS. — TRAITÉ DE VERSAILLES.

Progrès des colonies d'Amérique :

En 1606, deux *compagnies*, dites de Londres et de Plymouth, obtiennent de coloniser chacune six degrés au nord et au sud du 40e parallèle ; elles fondent *Jamestown* et *Plymouth*. Tous les persécutés pour religion : Puritains, Catholiques, Quakers, s'y établirent plus tard.

(1) Remarquez les dates des trois traités d'Utrecht, de Paris et de Vienne, 1713, 1763 et 1813 (1814), de cinquante ans en cinquante ans.

Ces colonies formaient, en 1774, une confédération de treize Etats, déjà prospères, qui n'étaient pas *représentés au parlement anglais.*

Soulèvement des colonies d'Amérique :

CAUSES : Impôts du *timbre* (1764), après la paix de Paris, impôt du *thé* (1767). Refus de les accepter, en vertu du principe anglais, que nul ne peut être imposé sans son consentement. Boston jette à la mer une cargaison de thé (1773) et commence l'insurrection. Congrès de Philadelphie (1776), qui proclame l'indépendance des divers Etats.

1776-83 **Guerre de l'Indépendance des Etats-Unis.**

LUTTE CONTINENTALE ET MARITIME (sur six points, trois sur terre, trois sur mer).

SUR LE CONTINENT.

1° LITTORAL NORD : *Boston* bloquée, puis délivrée par Washington (1776), *New-York* et *Philadelphie,* prise par l'Anglais Howe (1777).

2° LITTORAL SUD : Les Anglais ont pris la *Géorgie* et *Charlestown* (1780), mais Washington et La Fayette leur enlèvent *Yorktown* (1781).

3° LE LONG DU SAINT-LAURENT : *Montréal* pris, échec sur *Québec,* mais capitulation de l'Anglais Burgoyne, cerné à *Saratoga* (1778) : ce succès décide la France à entrer en lice.

SUR MER.

1° EN EUROPE : Bataille d'*Ouessant* (1778), gagnée par d'Orvilliers sur l'amiral anglais Keppel. Essai de descente en Angleterre, contrarié par une tempête (1779). Siége inutile de Gibraltar (1779-82).

2° EN ASIE : *Quatre victoires de Suffren,* qui s'est entendu avec le sultan de Mysore pour expulser les Anglais (1782).

3° EN AMÉRIQUE : Le comte d'Estaing délivre *Philadelphie*, prend la *Grenade,* échoue dans sa tentative sur Sainte-Lucie, qui nous a été enlevée. — Guichen trois fois battu par Rodney. — De Grasse battu aux Saintes par le même Rodney (1782).

Traité de Versailles.

Aux États-Unis : L'indépendance des *treize* États reconnue.

A la France : Trois colonies rendues (Sénégal, Tabago, Sainte-Lucie) (1).

A l'Espagne : Minorque et les Florides, perdues depuis vingt ans.

Aux Anglais : Negapatam (Inde) enlevé aux Hollandais.

LOUIS XVI (2) (1774-1789).

(Annexion du Comtat Venaissin).

QUESTION XVI (1774-1789).

LOUIS XVI. — TURGOT ET MALESHERBES. — NECKER. — ASSEMBLÉE DES NOTABLES. — CONVOCATION DES ÉTATS GÉNÉRAUX.

76 **Louis XVI.** — Prince faible, *voulant plaire à tout le monde*. Il fut gouverné tour à tour par Maurepas (qui choisit, il est vrai, pour l'aider, Turgot, Malesherbes et Necker, mais contribua ensuite à leur chute, ou par la Reine, qui amena au pouvoir les courtisans Calonne et Brienne.

-81 **Turgot** (ministre des finances). (Point de banqueroute, point d'augmentation d'impôts, point d'emprunt, mais réduction de la dépense au-dessous de la recette. Telles sont les vues de ce ministre.)

Son plan : 1° *Impôt* territorial portant *sur tous* et réparti, d'après un *cadastre*, par des municipalités de commune, d'arrondissement, de province, et plus tard par des assemblées de la nation. Ces conseils devaient aussi

(1) Les Anglais possédaient ces trois colonies depuis la paix de Paris (1763). Cf. 1713-1763-1783-1813 pour nos colonies.

(2) Trois guerres des États-Unis, et campagne de Valmy et de Jemmapes.— A l'étranger, Clive et Hastings s'emparent de l'Inde orientale.

statuer sur les affaires d'intérêt communal, provincial, etc. (1).

2° Plus de *corvées* pour les routes, mais à la place une *redevance pécuniaire*.

3° *Liberté* de conscience; liberté de commerce entre les provinces, de travail et de vente (2).

Pourquoi Turgot échoue. — Parce qu'il a contre lui tous les intéressés au maintien des abus : clergé, nobles, parlements, possesseurs de maîtrises, et même le peuple, auquel on a fait croire que la cherté du blé est due à la liberté du commerce.

1774-76 **Malesherbes** (ministre de la maison du roi). Il ne peut réduire le luxe de la maison royale, ni abolir les lettres de *cachet*, ou même celles de *surséance*; mais il soutient Turgot.

1776 **Necker**, ministre des finances. (Dépenser autant que l'on reçoit, emprunter pour l'imprévu. Telles sont ses vues.)

Son plan : 1° *Egaler* les dépenses aux recettes; *emprunter* pour les circonstances exceptionnelles. 2° *Assemblées provinciales*, pour répartir l'impôt. 3° *Economiser* pour payer les intérêts des emprunts. 4° *Compte-rendu public* tous les ans. C'est ce compte-rendu qui fait tomber Necker, parce qu'on n'oserait plus gaspiller.

1783-87 **Assemblée des notables** (3). (*Députés* des trois ordres, choisis par le roi, et *non élus* comme pour les états-généraux.)

Calonne, dont tout le système avait consisté à *dépenser beaucoup pour paraître riche et trouver à emprunter*, demanda une assemblée de *notables* quand il eut perdu toute confiance, et lui proposa le plan de Turgot : 1° impôt général; 2° assemblée pour le répartir (4); liberté du commerce des grains, etc. Il fut déposé (1787)

(1) Les impôts directs étaient précédemment assis et perçus par des paysans désignés à cet effet et responsables. Les impôts *indirects* affermés.

(2) C'est presque tout ce que fera la Constituante.

(3) Remarquez que les Notables étaient *choisis* par le roi.

(4) On désignait auparavant dans chaque paroisse des *collecteurs* responsables sur leurs biens pour *répartir* et recueillir l'impôt direct, et l'on affermait les impôts indirects.

Brienne, nommé à sa place, ne peut rien obtenir des Notables, qui se séparent. Il recourt à un nouveau système :

Faire enregistrer trois édits bursaux par le Parlement, même de force : 1° Edit *sur les assemblées provinciales* (enregistré sans résistance) ; 2° édit *sur l'impôt du timbre* et une subvention territoriale (enregistré grâce à un *lit de justice*). Le parlement proteste le lendemain. Il est exilé à Troyes, puis rappelé. 3° Edit *pour un emprunt de quatre cents millions* (reçu avec des clameurs dans le Parlement, qui demande des États-généraux, 1787). Arrestation de quatre membres du Parlement. Il est réduit à n'exercer que la justice, et remplacé, *en politique*, par la *cour* dite *plénière* ; quarante-sept *bailliages* sont érigés pour juger les procès de moins de 20,000 livres.

Situation politique de l'Europe en 1789 : Huit grandes puissances, dont *trois* se sont *agrandies* (Angleterre, Prusse et Russie), aux dépens des *cinq* autres.

En Angleterre : Les rois ont pour conseillers des ministres habiles, qui donnent à leur pays l'empire des mers et s'emparent de nos colonies.

En Prusse : Les rois agrandissent peu à peu leur domaine en prenant la Silésie et une partie de la Pologne ; la Prusse devient une puissance de premier ordre.

En Russie : La politique de Pierre le Grand est suivie par ses successeurs ; et la Russie s'établit sur la Baltique, la mer Noire, le Caucase, et démembre enfin la Pologne.

En Suède, Turquie et Pologne, nous ne voyons plus que des pays affaiblis ou épuisés ; la Suède, par son roi Charles XII ; la Pologne, par son gouvernement anarchique et les attaques de la Prusse, de la Russie et de l'Autriche ; la Turquie a perdu le littoral *nord* et *est* de la mer Noire et, depuis la paix de Kaïnardji, elle a cessé d'être redoutable. Elle ne compte plus en Europe que comme une puissance qu'il faut à tout prix conserver pour arrêter l'ambition russe en Orient.

En Autriche. La maison de Habsbourg, abaissée sous Marie-Thérèse, se relève sous Joseph II, et son territoire s'agrandit aux dépens de la Pologne.

En France : le roi est gouverné par les favorites, nos colonies sont devenues *anglaises,* la royauté a recours à tous les expédients financiers; mais les écrivains français exercent sur toute l'Europe leur influence.

Demandes de réformes. L'opinion s'impose aux rois mêmes et partout les gouvernements essayent de satisfaire les peuples en introduisant chez eux quelques réformes.

En France, Louis XVI avec Turgot et Necker ; en Portugal, Pombal ; en Espagne, d'Aranda; a Naples, Tanucci ; en Toscane, Pierre-Léopold; en Prusse, Frédéric II ; en Autriche, Joseph II ; en Russie, Catherine II.

Mais partout ces essais, encore timides, sont entravés par l'opposition des privilégiés qui redoutent les réformes, et il faudra une révolution terrible en France pour briser les résistances.

COURS DE PHILOSOPHIE

HISTOIRE CONTEMPORAINE DE 1789 A 1848.

QUESTION I.

GÉOGRAPHIE POLITIQUE DE L'EUROPE EN 1789 (1).

France :

32 gouvernements militaires ou provinces (2), 32 intendances pour l'administration ;

32 généralités pour les finances, 12 parlements pour la justice, 18 archevêchés et 113 évêchés.

DE PLUS QUE MAINTENANT (sur la frontière allant de la mer au Rhin) : Bouillon, Marienbourg, Philippeville, Sarrebruck, Sarrelouis, Landau, l'Alsace et la Lorraine.

DE MOINS QUE MAINTENANT : Montbéliard (au Wurtemberg), Avignon (au pape), Savoie et Nice (au Piémont).

Nos COLONIES :

- ASIE : Nos cinq comptoirs de l'Inde : Mahé, Karikal, Pondichéry, Yanaon et Chandernagor.
- AFRIQUE : *Seychelles*, *Maurice*, Bourbon (Réunion), Gorée, Sénégal, La Calle et Bône.
- AMÉRIQUE : Partie occidentale de *Saint-Domingue*, *Tabago*, *Sainte-Lucie*, Martinique, Guadeloupe, les Saintes, Marie-Galante, la Désirade, Saint-Pierre et Miquelon, la Guyane française.

(1) Pour avoir la géographie de l'Europe en 1618 et en 1713, rétablissez les changements que vous avez vu faire depuis ces dates jusqu'en 1789.

(2) Voir dans l'Atlas Drioux et Leroy, *France en 32 gouvernements* que l'on peut classer en : 1° Provinces maritimes ; 2° Provinces situées sur les quatre grands fleuves.

Grande-Bretagne : Iles Britanniques.

COLONIES ANGLAISES :

- EN EUROPE : Iles Normandes, Hanovre, Gibraltar.
- EN ASIE (Inde) : Côtes du golfe de Bengale et rives du Gange, de Tranquebar à Bénarès (y comprises).
- EN AFRIQUE : Sainte-Hélène, Ascension, Cap-Coastl et Sierra-Leone en Guinée, Gambie.
- EN AMÉRIQUE : Nouvelle-Bretagne et îles du golfe Saint-Laurent, Bermudes, Lucayes, Jamaïque, une dizaine de petites Antilles : Dominique, Antigoa, Barboude, Saint-Christophe, Montserrat (1), etc., Balise, Malouines.
- EN OCÉANIE : Sydney (1787).

Autriche. Le domaine héréditaire comprenait :

DE PLUS QUE MAINTENANT : Belgique, Milanais, Mantoue ; le sud du grand-duché de Bade.

DE MOINS QUE MAINTENANT : Pays de Cracovie (entre Vistule et San), Dalmatie (à Venise).

N. B. Un prince autrichien était toujours empereur de l'Allemagne divisée en *dix cercles* (2).

Prusse.

1° AU DELA DE L'ELBE : Ses possessions actuelles, excepté Dantzig, Thorn et le grand-duché de Posen. (Littoral entre Peene et Niémen.)

2° EN DEÇA DE L'ELBE : Les jalons de Magdebourg (sur Elbe), de Minden (sur Wéser), de Clèves et de Gueldre (entre Meuse et Rhin).

Russie : Possède toutes les contrées entre Caspienne, Caucase, Mer Noire, Dniéper, Dwina du Sud, Baltique, Finlande (à la Suède), et Mer Glaciale avec *Sibérie* et Amérique Russe.

Italie. Dix dominations différentes :

1° Milan et Mantoue *à l'Autriche* ; 2° Parme ; 3° Modène ;

(1) N. B. La *Guadeloupe* est prise entre la Dominique et un carré formé par Antigoa, Barboude, Saint-Christophe, Montserrat (A. B. C. M.).

(2) Voir *Atlas Drioux et Leroy :* Allemagne divisée par cercles.

4° royaume de Sardaigne (île de Sardaigne, Savoie, Nice et Piémont jusqu'au Tessin) ; 5° Toscane ; 6°, 7°, 8° Républiques de Venise, Gênes, Lucques ; 9° Etats de l'Eglise, du Pô au Garigliano avec Bénévent et Comtat-Venaissin ; 10° Deux-Siciles avec Malte et Présides de Toscane.

Espagne : limites actuelles :

COLONIES ESPAGNOLES :
- EN AFRIQUE : Oran, Ceuta, Canaries, Fernando-Po et Annobon.
- EN AMÉRIQUE : Floride, Louisiane, Cuba, partie orientale de Saint-Domingue, Porto-Rico et toute l'Amérique *entre le Missouri et la Patagonie*, excepté le Brésil.
- EN OCÉANIE : Philippines et Mariannes.

Portugal. Limites actuelles en Europe.

COLONIES PORTUGAISES :
- EN ASIE : Goa, Diu et Macao.
- EN AFRIQUE : Mozambique, Congo, îles Saint-Thomas, du Prince, du Cap-Vert, Madère et Açores.
- EN AMÉRIQUE : Brésil.

Turquie. Etendue actuelle, *plus* le royaume de Grèce et l'Algérie.

Pologne. Avant le partage de 1773 (1), elle comprenait la vallée de la Wartha et de la Netze jusqu'à leur confluent, tout le bassin de la Vistule avec le golfe de Dantzig et *dépassait*, à l'est et au nord, le haut Dniéper et la haute Dwina.

Suède. Suède et Finlande, îles d'Aland, d'Œland, de Gothland et Stralsund.

Danemark. Comme aujourd'hui, *plus* le Holstein, le Sleswig, la Norwége, la Laponie, les îles Feroë, l'Islande, le Groënland et trois Antilles : Saint-Jean, Sainte Croix et Saint-Thomas.

Hollande. Limites de 1610.

(1) Voir question IX.

Avait pour colonies :

- Asie : Cochin, Madras et Ceylan (Inde), Malacca, dans l'Indo-Chine ; Nangasaki (Japon).
- Afrique : La colonie du Cap de Bonne-Espérance et les établissements situés sur la Côte-d'Or (Guinée).
- Amérique : Saint-Eustache, Guyane (anglaise et hollandaise).
- Océanie : Iles de la Sonde et îles Moluques (1).

Suisse. Treize cantons (2) : Uri, Schwitz, Unterwald, Lucerne, Zug, Glaris, Fribourg, Soleure, Bâle, Schaffouse et Appenzell.

QUESTION II

INSTITUTIONS DE LA FRANCE AVANT LA RÉVOLUTION.

L'échelle administrative avait les *six échelons actuels* (3). Il n'y manquait que les *Chambres*, dont les *états généraux*, et, en leur absence, le *parlement* essayaient de faire l'office.

1° **Le roi :** Maître absolu, plus ou moins conduit par son entourage. Il ne trouvait d'*opposition* que dans le *droit de remontrance* usurpé par le Parlement, opposition qu'il brisait par les *lits de justice* ou les *lettres de jussion*, de même qu'il arrêtait le cours de la justice par des lettres de *surséance*. Il surveillait la vie privée par le *cabinet noir* et supprimait toute liberté individuelle par ses *lettres de cachet*.

2° **Les conseils** ou conseil du roi divisé en 5 sections (notre conseil d'Etat et la cour de Cassation). Simples « *donneurs d'avis* » choisis par le roi et révocables à sa guise.

3° **Secrétaires d'Etat** (auj. ministres secrétaires

(1) Voir notre *Géographie* et *Atlas Drioux et Leroy*.
(2) 22 aujourd'hui.
(3) Chef de l'Etat, conseil d'Etat, ministres, préfets (intendants), sous-préfets (subdélégués), maires.

d'Etat), faisaient leurs rapports aux conseils sur les affaires de leur compétence.

Ces trois échelons résidaient à Paris (*pouvoir central*); les trois autres étaient en province.

Administration provinciale : elle était civile, judiciaire et financière, et dirigée par les *intendants*.

4° **Intendants** (auj. *préfets*).

« La France était gouvernée par trente intendants, » chefs provinciaux de l'administration civile, *judiciaire* et financière. Dans les cinq provinces encore gouvernées par des *Etats provinciaux*, comme le Languedoc et la Bretagne, l'intendant dirigeait ou contrôlait. Il y en avait un par généralité. (V. Géographie.)

5° *Subdélégués* (sous-préfets), agents de l'intendant ou sous-intendants, choisis par lui. Il y en avait un dans chaque élection.

6° *Maires* ou *syndics*, qui achètent leur office pour trois ans. Ils sont assistés d'un conseil électif ou nommé par l'intendant.

Justice : Elle suit, dans le midi, le DROIT ROMAIN MODIFIÉ ; au nord de la Loire et du Cher, les *coutumes* LOCALES : chaque ville, chaque province a les siennes; les unes écrites (*pays de droit écrit*), les autres non écrites (*pays de droit coutumier*). La hiérarchie judiciaire a les trois échelons provinciaux d'à présent. (Offices vénaux) :

1° **Les Parlements** (nos Cours d'appel) : il y en avait *douze en* 1789. Ce qui leur donnait de l'importance, c'était leur droit de discuter les édits du roi et de les enregistrer pour qu'ils eussent force de loi. Ils rendaient aussi des arrêts de police. (V. Géographie.)

2° *Les présidiaux* (nos tribunaux d'arrondissement), reçoivent appel des bailliages où jugent les causes d'une certaine importance.

3° *Les Bailliages* ou *Sénéchaussées* (1) (tribunaux de canton, mais criminel et civil). Tribunal inférieur depuis la suppression des prévôtés par Louis XV (1749).

(1) Sénéchaussée dans le midi.

Chambres des comptes : Il y en avait une *dizaine*, jugeant en dernier ressort toutes les questions de finances.

Hiérarchie financière : 1° Chambres des comptes ; 2° vingt-six généralités dont les administrateurs étaient les trésoriers nommés par l'intendant ; 3° collecteurs dans les paroisses pour les impôts directs ; — Fermiers généraux pour les impôts indirects.

Impôts : Il y avait, comme maintenant, des impôts directs et des impôts indirects :

Trois impôts directs : 1° *la taille*, ou impôt foncier, payée par les seuls roturiers, répartie sans cadastre, et variant chaque année ; 2° *la capitation* (cote personnelle), sur toutes les classes ; 3° le vingtième (cote mobilière et patentes actuelles), sorte d'*income* taxe, sur toute espèce de revenu. — Des collecteurs responsables étaient choisis par l'intendant dans les *paroisses* pour répartir et recueillir ces impôts.

4 *impôts indirects* (sur les consommations) : 1° les *aides* (sur les boissons), n'étaient guère payées que par les roturiers ; 2° *impôt sur le tabac* ; 3° *gabelle* (sur le sel), *force* d'acheter 10 livres de sel par an et par homme seulement pour soupe et salière. Or il valait 26 *sous* la livre dans certains pays. C'était donc 12 ou 13 jours de travail à une époque où l'on gagnait 10 sous. Ailleurs le sel valait 2 *sous* la livre. Aussi 10,000 contrebandiers sont arrêtés par année. — 4° *Traite ou douane :* on trouvait une douane toutes les heures : 200 fr. de droits pour une balle de camelot allant de Lille à Lyon ; *seize* droits pour le vin entre Bercy et le quai de la Grève.

Les trois ordres : le 1er ordre était le clergé ; le 2e la noblesse ; le 3e le tiers-état (la bourgeoisie des villes) (1).

Constitution du clergé : elle était quasi féodale, c'est-à-dire que le clergé avait à peu près les mêmes priviléges que la noblesse : pas d'impôt foncier, droits de corvée, de deniers sur les foires et marchés, de taureaux, de fours, de moulins et de pressoirs banaux, et la *dîme* sur les troupeaux et les fruits de la terre (ex-

(1) Les paysans n'appartenaient à aucun ordre.

cepté les cultures nouvellement introduites, comme la pomme de terre). De là son impopularité, bien qu'il nourrît les pauvres, qu'il supportât les frais du culte, lesquels coûtent aujourd'hui 50 millions, et qu'il fût, à part les abbés de cour, plein de foi et de vertu; fort instruit, français de cœur et ennemi du despotisme : « J'ai commencé, dit M. Tocqueville, l'étude de l'ancienne société plein de préjugés contre le clergé, je l'ai finie plein de respect. »

Privilèges de la noblesse : pas d'impôt foncier; droit exclusif de chasse et de colombier, de moulin et de pressoir; champart; bois et vente; prélèvement sur foires et marchés; droit de *corvées*, mais très-limité par Louis XIV, tous les grades de l'armée et la plupart des titres d'abbés commendataires; places de gouverneurs de province (autorité exclusivement militaire). Aucun droit sur le paysan, hors des redevances.

Noblesse de robe : elle était attachée à divers offices de *judicature* et héréditaire pour les membres du parlement de Paris. Dédaignée de la noblesse d'épée, elle dédaignait elle-même la bourgeoisie, elle était ennemie des réformes, même nécessaires, bien que fort éclairée, austère et vertueuse : familles modèles qui faisaient contraste avec la noblesse tarée de la cour.

Corporations industrielles : chaque métier forme une corporation qui comprend trois sortes de personnes: les *maitres*, les *compagnons*, les *apprentis*. Tous font partie de la *confrérie*, qui a son cierge, sa bannière, ses armoiries, ses jurandes (tribunal de maîtres) ; mais les places de maîtres s'achètent un prix énorme, et le nombre en est limité, comme celui des places de notaire aujourd'hui. Défense d'empiéter sur le district ou sur la spécialité du voisin ou *de faire mieux que ses collègues* pour accaparer la clientèle : autant de corporations qu'il y a d'objets de commerce ou d'espèces de travaux.

Etat de la propriété : un tiers de la France au clergé, et laissé presque inculte; la moitié aux paysans, qui travaillent à leur guise, achètent et vendent comme aujourd'hui. L'interdiction du prêt à intérêt forçant les nobles à vendre leurs terres par morceaux, pour suffire à leur luxe et à leur passion de vivre l'hiver à la ville ou à la cour. — Libérer son bien des droits de l'Eglise et du seigneur, voilà le rêve de nos paysans et ce qui amena la Révolution.

LOUIS XVI, A PARTIR DE 1789.

QUESTION III (1789-1792).

Convocation des Etats-Généraux. — Necker rappelé au ministère (août 1788), déclare qu'il ne voit plus de salut que dans les Etats-Généraux. Il obtient que le *tiers* y enverra des députés en nombre égal à ceux des deux autres ordres réunis, et que les Etats seront convoqués pour le 1er mai 1789.

Election des députés : fort calme à Paris, tumultueuse en province, à Rennes surtout, où les gentilshommes ne voulaient pas la *double* réprésentation du Tiers ; et en Provence, à cause de Mirabeau rejeté par les nobles. La cour reste neutre.

Demandes des cahiers. Il résulte de la lecture des cahiers, que la plupart des membres du Clergé et de la Noblesse consentaient à l'impôt portant sur tous, et à l'établissement d'une monarchie limitée par l'autorité des Etats-Généraux, qui auraient été, dans ce cas, régulièrement convoqués ; mais ils voulaient garder leurs priviléges. Le Tiers veut l'égalité devant la loi et l'égalité d'impôt, l'abolition des priviléges et des monopoles.

5 mai **Assemblée constituante :** c'est l'assemblée qui a donné pour la *première fois* une Constitution à la France. Elle changea son nom d'ETATS-GÉNÉRAUX en celui de « constituante » lorsqu'elle eut décidé qu'elle ferait une *constitution* en se conformant aux *demandes rationnelles des cahiers*.

27 juin **Réunion des trois ordres.** Ils siégeaient dans des salles séparées ; mais le Tiers déclara *illégale* toute mesure non votée par tête et par les trois ordres con-

fondus dans *une seule assemblée*. Il allait commencer *seul* les délibérations quand le clergé et la noblesse vinrent se réunir à lui (27 juin 1789). Ce fut la fusion des *trois sociétés* de l'ancien régime *en une seule*.

Constitution de 91 : 1° *une assemblée unique* et permanente, élue *pour deux ans*, gouvernera ; 2° le roi aura, sauf en matière de finances, le VETO suspensif pour quatre ans (deux législatures) ; 3° tout citoyen payant *deux journées d'impôts*, et ayant vingt-cinq ans, sera électeur et éligible (suffrage à deux degrés). La nouvelle assemblée se réunit le 1er octobre 1791 sous le nom de Législative.

Changements opérés par la constituante : elle opéra sept changements principaux :

1° **Abolition des privilèges :** les nobles et le clergé y mirent fin eux-mêmes, dans la *nuit du 4 août*, en renonçant à leurs privilèges féodaux, et en proclamant l'égalité de tous devant l'État.

2° **Etablissement de la royauté constitutionnelle** (Voir Constitution de 91).

3° **Séparation des pouvoirs administratifs et judiciaires :** juge de paix au canton, tribunal *criminel* (1) de première instance au district, cour d'assises au département, avec jury; cour de cassation à Paris. Juges élus pour dix ans et ne s'occupant que de justice.

4° **Création des actes de l'état civil** (c'est-à-dire inscription des naissances, des mariages et des décès des citoyens sur un registre spécial confié à un *officier de l'état civil*) : c'est une conséquence nécessaire de la liberté de croyance, car en donnant un registre de l'état civil à chaque culte reconnu on eût implicitement forcé les citoyens à se *déclarer* pour l'un de ces cultes. Toutes les branches d'administration furent réformées d'après ces principes d'égalité devant la loi.

5° **Nouveaux systèmes d'impôts :** tous les anciens impôts remplacés par une *contribution foncière et*

(1) Le premier consul le rendra *civil* et criminel, et créera les cours d'appel. Jusque là l'appel se fait à l'un des départements circonvoisins.

mobilière; impôts indirects supprimés (1), excepté les droits de timbre et d'hypothèque; mais ces mesures ne fournissant pas à l'Etat tout l'argent comptant dont il avait besoin, on créa les ASSIGNATS.

6° **Liberté de l'industrie et du commerce :** Plus de *maîtrises* ni de *douanes* intérieures, mais des *patentes* et des *brevets d'invention* pour encourager les inventeurs. *Prêt à intérêt* (2) permis; unité de poids et de mesures. *Liberté de ventes* et de transactions.

Nouvelles divisions administratives et centralisation : 1° France divisée en quatre-vingt-trois *départements* (3), subdivisée en *districts*, en *cantons* et en *communes*. Les fonctionnaires de chaque ordre administratif sont étagés dans chaque division et subordonnés les uns aux autres (quatre échelons administratifs).

2° RÉFORMES JUDICIAIRES : *Juge de paix* au canton, *tribunal criminel* (4) au district, *cour d'assises* au département, avec jury, *cour de cassation* à Paris (5). Juges électifs.

3° RÉFORMES ECCLÉSIASTIQUES : Un évêque par département, *élection* des prêtres sans confirmation par le Pape, serment prêté à l'Etat *seulement* (6). Liberté des cultes, d'où institution du mariage civil.

4° RÉFORMES FINANCIÈRES : Pour *liquider le passé :* création d'assignats hypothéqués sur les biens du clergé; pour *assurer le présent et l'avenir :* contribution mobilière et foncière. (Plus d'impôts indirects, excepté le timbre et les hypothèques.)

5° RÉFORMES COMMERCIALES ET INDUSTRIELLES : Plus de monopoles ni de maîtrises; il suffit d'avoir une *patente*. *Brevet* pour encourager les inventions.

(1) La théorie de Quesnay « que l'impôt ne doit porter que sur la terre » avait influencé les Constituants. Napoléon rétablira les contributions indirectes.

(2) Faute de prêteurs, les nobles vendaient un coin de terre chaque fois qu'ils avaient besoin. Ce fut une des causes de la division de la propriété au XVIIIe siècle.

(3) Vaucluse réuni en 1791; Rhône-et-Loire divisé en deux; Tarn-et-Garonne créé.

(4) Non civil. C'est le consulat qui le rendra *civil et criminel*.

(5) Pas de cour d'appel; on appelle d'un département à l'autre.

(6) Tout *lien* étant *rompu avec Rome*, c'était un *schisme*.

De 1791 à l'Empire, la France essaye quatre formes de gouvernements. Elle a tour à tour : 1° une chambre (*la Législative*) avec un roi sans pouvoir pour *président* du gouvernement ; 2° une chambre (*la Convention*) avec *dix présidents* (comité de Salut public) ; 3° deux chambres et *cinq présidents* (Directoire) ; trois chambres avec *trois présidents* (Consulat), et le conseil privé.

91-92 juin au sept. **Assemblée législative.** (Sept cent quarante-cinq députés, Feuillants ou Constitutionnels, et Girondins ; c'est-à-dire une majorité composée de Républicains modérés, ayant Vergniaud pour orateur). Son rôle se borne à lutter contre les ennemis de la révolution (émigrés, clergé, étranger). La législative porta 2,000 lois ou décrets.

oct. 91 1° *Contre les émigrés :* S'ils ne rentrent dans le délai de deux mois et ne cessent leurs rassemblements, leurs biens seront saisis. (Décret du 14 octobre.)

novemb. 2° *Contre les prêtres insermentés :* S'ils ne cessent de troubler les campagnes et ne prêtent serment, plus de pension, mais l'emprisonnement. (Décret du 29 novembre.)

21 avril 1792 3° *Contre l'étranger.* **Déclaration de guerre à l'Autriche.** L'Autriche sommée de retirer ses troupes de la frontière *belge*, refuse ; on lui déclare la guerre.

août septemb. **Campagne de 1792 :** Rochambeau est battu à Quiévrain (Nord), de là : *journée du 20 juin* (1), où le peuple *envahit une première fois* les Tuileries (*premier soulèvement*). Ce fait amène le *Manifeste du duc de Brunswick* (15 juillet). Il menace de détruire Paris, si Louis XVI ne recouvre pas son autorité, et si la majesté royale n'est pas respectée. Les Parisiens répondent à ces menaces par une deuxième invasion des Tuileries (journée du 10 août), et le roi se réfugie dans l'assemblée (*deuxième soulèvement*). — Brunswick, voulant tenir parole, marche sur Paris, prend *Longwy* (20 août), *Verdun* (1er septembre) ; à cette nouvelle, massacres de

(1) Remarquez qu'il ne se fait rien d'hostile à l'étranger et parmi les émigrés qui n'ait sa vengeance à Paris. La révolution se résume à ceci : attaques ou échecs à l'étranger, riposte à Paris.

septembre (*troisième soulèvement*) ; mais la victoire de *Valmy* (20 septembre) force les Prussiens à quitter la France et celle de *Jemmapes* (novembre) nous livre la *Belgique, Savoie* et *Mayence* conquises.

LA RÉPUBLIQUE ET L'EUROPE (1)

(1793-1804).

Annexion de Mulhouse et de Montbéliard, de la frontière du Rhin, de la Savoie et de Nice.

QUESTION IV (1792-1795).

CONVENTION NATIONALE.

PREMIÈRE RÉPUBLIQUE.

1792-95 20 sept. au 26 oct. **Convention** (du 20 septembre 1792 au 26 octobre 1795). 750 députés, Girondins, Montagnards et Plaine (indécis). Réunie pour juger Louis XVI, elle proclame la République (21 septembre).

La commune de Paris : nom donné au *conseil municipal de Paris*. Elle s'empara du gouvernement dans la nuit du 18 août 1792 et s'entendit avec tous les conseils municipaux de France pour former, comme lui, des comités de *sûreté générale* (2). Chaque conseil, ou commune, nommait dans son sein un *comité de surveillance* pour juger et *faire arrêter* les personnes dénoncées. Il avait à sa disposition permanente les gardes nationales. Mais la Commune de Paris n'était au fond que l'exécutrice de la volonté des Jacobins et des conseillers Marat, Robespierre, Danton, Chaumette,

(1) *Deux coalitions* prennent fin avec les deux guerres d'Italie et *entre elles* l'expédition d'Egypte.

(2) Espèce de fédération de tous les conseils municipaux de France.

Hébert, etc. Elle décida les massacres de septembre; fit proscrire les Girondins de la Convention, et successivement les Hébertistes, les Dantonistes et la faction Robespierre. Sa puissance qui datait de la prise de la Bastille finit après 5 ans de durée (juillet 1794).

92-93 **Procès et mort de Louis XVI.** (Le procès dure du 11 décembre au 17 janvier.)

Le roi, défendu par de Sèze, est condamné à mort par quatre cent vingt-huit voix contre deux cent quatre-vingt-six (17 janvier 1793) et décapité le 21 janvier

Résultat : Les puissances étrangères forment la première des *sept* coalitions contre la République et l'Empire, de là aussi des soulèvements intérieurs ; d'où enfin :

1794 **La Terreur.** On appelle ainsi un régime établi pour lutter contre les ennemis intérieurs et extérieurs soulevés par la mort de Louis XVI. Elle gouverne avec *trois comités:*

1° *Comité de salut public* (9 membres, puis 12, 6 avril), pour gouverner avec un pouvoir dictatorial, nommer et surveiller les fonctionnaires ; 2° *Comité de sûreté générale,* pour rechercher et ensuite traduire les suspects devant le tribunal révolutionnaire (1) ; 3° *Tribunal révolutionnaire* à Paris (10 mars), et cent quarante tribunaux du même genre en province, pour juger, *sans appel,* même *les députés* de la Convention, qui ont renoncé à leur inviolabilité. On condamne successivement les Girondins, les Dantonistes, les Hébertistes, puis Robespierre, qui voulait rester *seul* maître. (Victimes dans tous les rangs et de tous les partis : 2,669 à Paris seulement.)

Ce régime dure du 31 mai 93 au 27 juillet 94, c'est-à-dire, de l'arrestation des Girondins à la mort de Robespierre. La Terreur a, dit-on, sauvé la France d'un démembrement et d'une réaction terrible, mais jamais la fin ne saurait justifier l'emploi de tels moyens. Elle supprima toutes les libertés sous prétexte de surveiller tout le monde : la liberté individuelle fut supprimée par la loi *des suspects* (sept. 93), par les *visites domi-*

(1) Ce comité était la *Police* du précédent dans les départements, districts et municipalités.

ciliaires; la liberté industrielle et *commerciale*, par la loi du *maximum* et des *accaparements*, par la défense des *importations anglaises* et des *placements* d'argent à l'étranger, par les *réquisitions*.

Les assignats et leurs conséquences : La Constituante n'ayant *pas d'argent comptant* pour payer les créanciers de l'Etat, les avait payés en billets, dits assignats, portant intérêt, hypothéqués sur les biens du Clergé et de la Couronne, et réalisables après la vente de ces biens. Mais bientôt le chiffre des assignats émis atteignit à la somme de 40 milliards de francs, garantis par des biens valant seulement 450 *millions*; de là une perte immense pour les *créanciers de l'Etat*. Toutefois il en résulta un bien : *la division de la propriété* et la mise en œuvre des terres privilégiées, formant le cinquième du territoire français.

Maximum : les salaires devaient être *au maximum* ceux de 1790, augmentés de la moitié; et le prix des denrées ne devait pas dépasser celui de 1790 augmenté d'un tiers, sous peine d'amende et d'inscription sur la liste des suspects.

Journée du 9 thermidor (27 juillet 1794) (1). Cette journée met fin à la Terreur par le supplice de Robespierre, Couthon, Lebas, Saint-Just, qui sont cernés par Barras, chef de l'armée de la Convention.

Constitution de l'an III. Avant de se séparer, la Convention vota la Constitution de l'an III, qui établit : *le suffrage à deux degrés*; un corps législatif composé d'un *Conseil des Anciens* et d'un *Conseil des Cinq-Cents*, et confie le pouvoir exécutif à un *Directoire*.

Campagne de 93 et 94. Victoires de *Hondschoote* sur les Anglais et de *Wattignies* sur les Autrichiens, en

(1) Remarquez les quatre journées suivantes à rimes croisées (deux sous la Convention, deux sous le Directoire :
9 thermidor (27 juillet 1794). Robespierre renversé.
13 vendémiaire (14 octobre 1795). Les royalistes attaquent la Convention.
18 fructidor (4 septembre 1798). Augereau arrête les royalistes du Directoire.
18 brumaire (9 novembre 1799). Bonaparte renverse le Directoire.

1793 ; bataille de *Fleurus;* bataille navale d'*Ouessant;* passage du *Rhin* et des *Pyrénées* en 1794.

Campagnes a l'intérieur : 1° L'armée girondine du Calvados battue à *Vernon; Lyon* repris ; 2° *Toulon* repris ; 3° les *Vendéens,* maîtres de Chemillé, Cholet, Saumur, *battent quatre armées,* parties en même temps de Nantes, des Sables et de Niort (à Torfou, Montaigu, etc.) ; mais ils sont battus *cinq fois,* et perdent leurs généraux d'Elbée, Lescure, Bonchamps ; ils passent la Loire à Varades, vont se faire battre jusqu'à *Granville* et, au retour, à *Savenay* (1793-94).

LE DIRECTOIRE

QUESTION V

DIRECTOIRE. — CAMPAGNE DE BONAPARTE EN ITALIE. — TRAITÉ DE CAMPO-FORMIO. — EXPÉDITION D'ÉGYPTE. — RETOUR DE BONAPARTE. — 18 BRUMAIRE. — CONSTITUTION DE L'AN VIII.

Directoire (1° Cinq directeurs, dépositaires du pouvoir exécutif ; 2° le conseil des Cinq-Cents pour proposer les lois ; 3° le conseil des Anciens pour les voter.)

Situation difficile : *A l'intérieur,* épuisement des finances, guerre civile et conspirations (18 fructidor, Babeuf) ; *à l'extérieur,* l'Europe à combattre *deux fois* et l'expédition d'Egypte.

Détresse financière. L'Etat percevait pour l'impôt, moitié en denrées, qui se perdaient faute de moyens de transport ; moitié en papier-monnaie. Or les fournisseurs ne voulaient pas 100 francs de papier pour un sou. Il fallait avec ces ressources et des dettes énormes nourrir Paris et 5 armées.

Pour réduire de *deux tiers* le capital de la dette publique, le gouvernement du Directoire décréta l'émission des mandats territoriaux. Deux tiers de la dette devaient être payés au moyen de ces nouveaux bons sur les biens nationaux (1), l'autre *tiers* restait sur le grand-livre sous le nom de *tiers consolidé*. Ce n'était qu'une émission d'assignats, une banqueroute déguisée, ces mandats n'ayant jamais eu aucune valeur.

Agitation des partis : tantôt les démocrates conspirent ; tantôt ce sont les royalistes : complot communiste de Babeuf ; conspiration royaliste où entrent Pichegru et les directeurs Barthélemy et Carnot ; conspiration royaliste de l'abbé Berthier ; tentative de descente à Quiberon. Le Directoire comprime tout ; il reprend la Corse, qui s'était donnée aux Anglais, et Hoche pacifie la Vendée ; Stofflet et Charette fusillés.

Campagnes de Bonaparte en Italie (Fin de la première coalition).

PREMIÈRE COALITION (1793-1797).

CAUSE : L'exécution de Louis XVI (21 janvier 1793).

LUTTE : aux frontières, en Allemagne, en Italie et en mer.

1° Aux PYRÉNÉES (2 armées) :	DUGOMMIER (Pyrénées orientales), ouvre sa campagne contre les Espagnols par la prise du camp de *Boulou* (94), de *Bellegarde* (95), et par la victoire de *Mouga*, où il meurt (95). Prise de *Figuières* (95). MONCEY (Pyrénées occidentales), prend *Guipuzcoa* (95).
2° EN MER :	Colonies et navires de commerce enlevés par les Anglais (nous n'avons que des conscrits pour marins). VILLARET-JOYEUSE est battu à *Ouessant* (affaire du *Vengeur*, 1794).

(1) Ils différaient des assignats en ce qu'ils correspondaient à une quantité *limitée de biens nationaux*, et qu'ils pouvaient *être échangés* contre la terre sans qu'il y eût *vente* ou *enchère*.

3° ENTRE MER ET RHIN (4 armées) :

HOUCHARD bat à *Hondschoote* les Anglais qui assiégeaient Dunkerque (93).

JOURDAN bat à *Wattignies* (93), les Autrichiens qui s'emparaient de la vallée de l'Escaut, puis à *Fréjus* (94), à la *Roër*, et occupe une seconde fois la *Belgique* (94).

HOCHE (le long de la Sarre), chasse les *Prussiens* jusqu'au Rhin, et se jette par les Vosges sur le flanc des Autrichiens, que Pichegru attaque de front.

PICHEGRU contient les Autrichiens sur la Lauter (93), puis à la tête de l'armée de Houchard, il occupe la *Hollande* (*Amsterdam*, le *Texel*), 1795.

4° AUX ALPES ET EN ITALIE (1) :

DUMERBION, malgré sa défaite à *Saorgio*, près Nice (93), enlève le camp des Piémontais et le col de Tende.

BONAPARTE s'étant concerté avec Moreau et Jourdan pour marcher sur Vienne, remporte 67 victoires dans une course de vingt lieues ; il bat les *Austro-Piémontais* à Montenotte, Millésimo, Dégo ; les *Piémontais seuls* à Mondovi ; les *Autrichiens seuls* (Baulieu, Wurmser, Alvinzi, archiduc Charles), à Lodi, Lonato, Castiglione, Roveredo, Arcole, Rivoli, etc. (1796-97).

Cependant Jourdan, parti par le Mein, est battu à *Wurtzbourg* et recule, ce qui contraint à la *retraite* Moreau parti par le Necker et menacé par l'armée qui a vaincu Jourdan.

Traité de Campo-Formio.

A LA FRANCE : Frontière du Rhin, îles Ioniennes.

A L'AUTRICHE : Frioul, Istrie, Dalmatie, enlevées à Venise, et livrées en échange de Milan, qui forme alors avec Mantoue, Modène, Reggio, Ferrare et Bologne la *République Cisalpine*.

(1) Tous les noms de victoires remportées en Italie par Bonaparte (autres que *la Chiusella*, *Montebello* et *Marengo*) se rattachent à cette campagne d'Italie.

L'Angleterre n'accède pas au traité. C'est l'une des causes de l'expédition d'Egypte.

Expédition d'Egypte. (Des savants font partie de l'expédition.)

CAUSE : Bonaparte veut augmenter sa popularité, et atteindre les Anglais dans l'Inde ; le Directoire désire d'ailleurs l'éloigner.

LUTTE : Prise de *Malte* (12 juin 98) ; débarquement près d'*Alexandrie* (1er juillet) et prise de cette ville ; marche sur le Caire ; bataille des *Pyramides* (26 juillet 1798) ; défaite d'*Aboukir* (1er août 98). Les Turcs venant au secours de l'Egypte, Bonaparte court au-devant d'eux en Syrie, prend *Gaza, Jaffa,* et les bat au *Mont Thabor* (16 avril 99), mais il échoue au siége de *Saint-Jean d'Acre,* défendu par les Anglais. Apprenant que des troupes turques se dirigent par mer sur l'Egypte, il y rentre, et les bat à *Aboukir* (24 juillet 99) (1).

— **Journée du 18 brumaire** (9 novembre 1799).

A la nouvelle qu'une *deuxième coalition* nous a repris l'Italie, Bonaparte laisse Kléber en Egypte et arrive à Fréjus (8 octobre 99). Voyant le mépris général où était tombé le Directoire et sûr de l'armée et du peuple, de trois directeurs, de la majorité des conseils, il dissout violemment le conseil des Anciens (18 brumaire), et, *à son profit,* promulgue la constitution de l'an VIII.

LE CONSULAT

QUESTION VI

Consulat (2) (du 15 décembre 1799 au 9 mai 1804). Véritable monarchie constitutionnelle où il ne manque au premier consul que le titre de roi et l'hérédité. Le Consulat fut signalé, *à l'intérieur,* par une réorganisa-

(1) Remarquez que la deuxième bataille d'Aboukir a lieu un an moins deux jours après celle des Pyramides.

(2) Un mot résume l'œuvre intérieure du consulat : centralisation générale ; tous les pouvoirs entre les mains du premier consul.

tion générale et des conspirations (Aréna, machine infernale, Cadoudal); *à l'extérieur*, par la fin de la deuxième coalition, la perte de l'Egypte (1801), et de Saint-Domingue (1802).

Constitution de l'an VIII (1799) (1). Elle établit :

1° TROIS CONSULS, dont le premier a seul le pouvoir exécutif et la nomination des fonctionnaires *départementaux et au-dessus*.

2° UN CONSEIL D'ETAT, choisi par le premier consul, *rédige* les projets de loi.

3° UN TRIBUNAT *discute* les lois.

4° UN CORPS LÉGISLATIF, sorte de jury, *accepte* ou *rejette* les lois discutées devant lui.

5° UN SÉNAT *veille* à la conservation de la *constitution* et nomme les autres chambres, la cour de Cassation et les consuls.

6° LE CORPS ÉLECTORAL établit trois listes : *liste communale* avec le dixième des électeurs ; *liste départementale* formée du dixième de la *liste communale* ; *liste nationale*, formée du dixième de la *liste départementale*. Le sénat choisit le tribunat et le corps législatif sur la liste nationale (2), le premier consul les fonctionnaires sur les autres listes.

Organisation administrative (comme aujourd'hui) : Préfets, sous-préfets et maires, avec un *conseil* pour les assister.

Organisation financière. Création de la hiérarchie financière *actuelle*. (V. Géographie.)

Organisation judiciaire (celle d'aujourd'hui).

Juges de paix, tribunaux de première instance (*civils* et *correctionnels*, auparavant tribunaux *criminels*), cours d'appel (création nouvelle), cour de cassation, jury en matière *criminelle* seulement : les délits sont soumis aux tribunaux de première instance.

Le Code civil ou Code Napoléon (21 mars 1803) :

(1) Ajoutez 1 jusqu'à 1800 pour avoir le millésime habituel : ainsi en ajoutant 1 au chiffre 8 de l'an VIII, vous avez 9 (1799).

(2) Le député devait donc être choisi quatre fois : 1° par la *masse* ; 2° par ses collègues de la liste communale ; 3° par ses collègues de la liste départementale ; 4° par le Sénat (donc élection à quatre degrés).

Bonaparte choisit pour le rédiger avec lui une commission de jurisconsultes ayant presque tous une spécialité et des tendances contraires : Bigot de Préameneu, Portalis, Tronchet, Merlin de Douai, Berlier, Treillart, Henrion de Pansey. Tous les tribunaux et le conseil d'Etat furent appelés à donner leur avis : la rédaction de ce code dura trois ans.

Le Concordat (LOI DU XIII GERMINAL AN X) : le premier consul nommera les archevêques (neuf), et les évêques (quarante-et-un), et le Pape leur donnera l'institution canonique; les évêques nommeront les curés, et le gouvernement les agréera ; les prêtres auront un traitement de l'Etat ; liberté des cultes. La bulle *Ecclesia Christi* ratifie ces conventions.

Articles organiques ajoutés par le premier consul, *contre l'avis du Pape,* pour faire accepter le concordat au corps législatif. Ils statuaient qu'aucun bref du Pape ne serait publié en France sans l'autorisation du gouvernement, et qu'on enseignerait dans les séminaires les doctrines de l'Eglise gallicane (faillibilité du Pape, son incompétence au temporel).

Réorganisation de l'instruction publique : l'Université. Ecoles primaires, écoles secondaires et lycées, écoles spéciales; facultés. En 1806, Napoléon créa l'Université, en lui donnant le monopole de l'enseignement, et plaçant à sa tête un grand maître. Il divisa la France en académies, avec des recteurs, inspecteurs généraux et d'académie, professeurs inamovibles (hiérarchie actuelle) (1).

Création de la banque de France : *Banque de dépôt et de circulation*, fondée au capital de 45 millions. En 1806 elle aura un gouverneur nommé par le chef de l'Etat, trois sous-gouverneurs, quinze régents.

Campagne d'Italie, Marengo ou **2e coalition** (1799 à 1802, mars à mars).

La victoire de Marengo (14 juin), est le fait capital de la deuxième coalition, formée sous le Directoire.

(1) Ajoutez aux travaux du Consulat : d'immenses travaux de construction aux ports d'Anvers et de Flessingue, la réorganisation de l'Ecole polytechnique créée par la Convention et la fondation de la Légion d'honneur (1802).

CAUSES : 1° Le Directoire s'entoure d'une ceinture de républiques (Batave, Ligurienne, Romaine, Parthénopéenne) ; 2° absence de Bonaparte ; 3° désir des Russes (qui ont fini de démembrer la Pologne), d'entrer en lice avec nous.

LUTTE (sur cinq points, contre Anglais, Russes, Allemands, Autrichiens, etc.).

1° EN HOLLANDE : BRUNE bat les Anglo-Russes à *Bergen* (septembre 1799).

2° EN ALLEMAGNE :
- JOURDAN, battu à *Stokach* (Bade), est rejeté sur le Rhin par l'archiduc Charles (mars 1799).
- MOREAU marche sur Vienne par le Danube, de concert avec Bonaparte qui y va par l'Italie ; il est vainqueur à *Hohenlinden* (2 décembre 1800).

3° SUISSE : MASSÉNA bat les Russes à *Zurich* (septembre 1799), dans une *triple* affaire.

4° ITALIE :
- SCHÉRER, MOREAU, MACDONALD, JOUBERT, Battus par Souwaroff, qui ne nous laisse que *Gênes* et *Nice* (1799), à *Magnano*, à la *Trébia*, etc.
- LANNES accompagne Bonaparte à la deuxième campagne d'Italie, et bat l'Autrichien Ott à *Montebello* (9 juin 1800) (1).
- BONAPARTE, pendant que Moreau marche par la vallée du Danube, passe le Saint-Bernard, entre à Milan, puis bat Mélas à *Marengo* (14 juin 1800).

5° EN MER :
- LES ANLAIS bombardent *Copenhague* (1801), pour châtier la ligue des Neutres ; ils bloquent *Malte*, débarquent à Aboukir, et battent, à *Canope* (1801), Menou, successeur de Kléber, qui a été assassiné ; mais ils sont défaits à *Algésiras* par Linois (1801).
- LES NOIRS RÉVOLTÉS à Saint-Domingue secouent le joug malgré l'expédition du général Leclerc (1802), dirigée contre eux.

(1) Ott venait de faire le siége de Gênes, où la famine (le pain coûtait 30 fr. la livre) avait réduit Masséna à capituler (4 juin).

Paix de Lunéville et d'Amiens :

L'Autriche reconnaît à Lunéville notre frontière du Rhin et les républiques Batave, Helvétique, Ligurienne et Cisalpine.

L'Angleterre, par la paix d'Amiens, s'engage à rendre Malte aux chevaliers, le Cap aux Hollandais, et nos colonies ; mais l'Egypte et Saint-Domingue nous échappent.

Consulat à vie (2 août 1802).

Bonaparte, devenu encore plus cher au peuple après le complot d'Aréna (octobre 1800), et l'explosion de la machine infernale (décembre 1800), est nommé consul à vie par trois millions de suffrages (2 août 1802).

Deux jours après, le sénat décrète la constitution de l'an X, qui assurait l'empire à Bonaparte.

NAPOLÉON Ier ET SON TEMPS (1) (1804-1814).

Ier EMPIRE

(Annexions momentanées; perte des six forteresses qui fermaient la France et de quatre colonies.)

QUESTION VII (1804-1809).

Empire : La proclamation de l'Empire, le 18 mai 1804, fut une réponse à l'attentat de Cadoudal contre le premier consul et à la rupture du traité d'Amiens par l'Angleterre.

Constitution Impériale : elle fut ratifiée par trois millions et demi de suffrages contre deux mille cinq cents.

1° Hérédité de mâle en mâle dans la famille de Napoléon, Joseph et Louis (2).

(1) *Cinq coalitions sous Napoléon Ier* (sans compter les guerres d'Espagne et de Russie) : Austerlitz, Iéna, Wagram, Leipzig et Waterloo.
(2) Jérôme et Lucien étaient en disgrâce.

2° Liste civile de 25 millions pour l'empereur, un million pour les princes.

3° Conseil d'Etat, sénat, tribunat (1), corps législatif conservés ; création de charges rappelant l'étiquette de l'ancienne cour (six grands dignitaires, un grand aumônier, un grand veneur, etc.)

Politique intérieure de Napoléon Ier. Tout faire pour l'ordre et la prospérité, avoir les yeux à tout, écouter toutes les réclamations.

Ordre public : l'Empereur perfectionne la centralisation du consulat et fait des préfets des *empereurs au petit pied* ; il envoie des *conseillers d'Etat*, sorte de *missi dominici*, inspecter les administrations ; publie les *codes de procédure* et *de commerce* ; crée l'*Institut*, l'*Université*, les *lycées*, rétablit l'*école normale* ; projette d'abolir la *mendicité*. (Rétablissement des contributions indirectes sous le nom de *droits réunis*.)

Grands travaux d'utilité publique. Dans les départements : *canaux* de l'Ourcq, Saint-Martin, du Rhin au Rhône, de Nantes à Brest ; *Routes* de Vendée et des Alpes (Simplon, mont Genèvre, mont Cenis, de la Corniche) ; *Arsenaux* d'Anvers et de Rotterdam ; continuation de la *digue de Cherbourg*. — A Paris : *Arc de triomphe*, *colonne Vendôme*, *Panthéon*, *Bourse*, cimetière du *Père-Lachaise*, *abattoirs*, *marchés*, etc.

Progrès des sciences (Géologie et Paléontologie). Cuvier (m. en 1832) créa la *géologie* en établissant que *l'ordre d'ancienneté des couches terrestres* est révélé par les débris qu'elles renferment, et la *paléontologie* par la *loi de la corrélation des formes*.

Progrès de l'industrie : grâce à Chaptal, Thénard, Vauquelin, Berthollet, Fourcroy, Proust, Monge, Fulton, Jacquart, Richard Lenoir, Oberkampf, etc.

1° Applications de *la chimie* faites surtout par *Chaptal*, d'après Berthollet et Fourcroy ; il crée à Montpellier une fabrique de produits chimiques, indique l'art de teindre le coton en rouge d'Andrinople, décrit les procédés du blanchiment à la vapeur, etc.

(1) Le tribunat sera supprimé en 1807, et la parole rendue au Corps législatif, jusque-là réduit au rôle de simple jury.

2° Applications de *la mécanique et de la physique* : *Monge* écrit l'*art de fabriquer les canons* et publie divers autres mémoires scientifiques ; *Fulton* lance un bateau à vapeur sur la Seine, en 1803, et à New-York en 1809 (1) ; *Jacquard* invente une machine à fabriquer les filets (1802), et l'applique au tissage de la soie (1806) ; *Proust* découvre le sucre de raisin (1810) ; *Philippe de Girard*, la machine à filer le *lin* (1812).

État des lettres : en laissant de côté les classiques de la décadence (1), la littérature est représentée par de grands écrivains en prose.

Six grands noms : 1° *Mme de Staël*, qui publie *Delphine* (1801), *Corinne* (1807), l'*Allemagne* (1809).

2° *Joseph de Maistre* publie les *Considérations sur la révolution* (1799) où il se montre partisan de la théocratie de Grégoire VII (2).

3° *Chateaubriand* montre la poésie du culte chrétien niée par Voltaire, dans le *Génie du christianisme* (1802) ; et la prouve dans *Atala, les Martyrs* (1809), *le Dernier Abencérage*, où il la met en présence des autres religions (religion des sauvages, des Grecs, des Romains, des Druides, de Mahomet).

4° *De Bonald* publie en 1802 la *Législation primitive*, où il affirme que les rois ne doivent régner que par la volonté de Dieu, et non par la volonté nationale, comme le veut Rousseau (Contrat social).

5° *Royer-Collard* recherche, dans son Cours à la Faculté des lettres, l'origine des idées ; il renverse le sensualisme du XVIIIe siècle en prouvant que toutes les idées ne viennent pas *des sens* (1811).

6° *Napoléon* : Dans ses proclamations, bulletins, mémoires, etc., où il se montre écrivain de premier ordre et crée un genre nouveau. On a surtout dit de lui qu'il avait créé en France l'*éloquence militaire*.

Tous ces écrivains ont cela de commun qu'ils réagissent contre l'esprit, les tendances du XVIIIe siècle.

État des arts (Réaction contre l'afféterie du XVIIIe siè-

(1) Chénier, Delille, Lebrun, Fontanes, Andrieux, Picard, etc.
(2) Le pape nommant les rois qui seraient ses lieutenants.

cle). Cinq peintres et trois sculpteurs : David (mort en 1825) et ses disciples : Girodet (m. en 1824), Gros (m. en 1835), Gérard (m. en 1837), Ingres (m. en 1867), tous classiques, c'est-à-dire *modèles réputés parfaits* (1), *ainsi que les trois sculpteurs* : Chaudet (m. en 1817), Cartellier (m. en 1831), Ramey (m. en 1838). — *En musique* : Méhul (1817), Boïeldieu (1834), Chérubini (1842). — *En architecture* : Chalgrin (Arc-de-Triomphe), Vignon (Madeleine).

Politique extérieure de Napoléon Ier.

Forcé par les Anglais de recommencer la guerre (1804), il rêve d'établir un système d'Etats feudataires et d'amener l'isolement absolu de l'Angleterre en Europe.

Campagne d'Austerlitz (3e COALITION depuis la mort de Louis XVI).

CAUSE : L'Angleterre, craignant la descente projetée sur son territoire, se coalise avec la Russie et l'Autriche, mécontentes des titres d'empereur et surtout de *roi d'Italie* donnés à Napoléon.

LUTTE (sur deux théâtres : vallée du Danube et mer) :

1° SUR LE DANUBE : Napoléon prend *Mack* dans *Ulm* (19 octobre), marche sur Vienne avec *Masséna*, venu par l'Italie, et bat les Austro-Russes à *Austerlitz*, en Moravie (2 décembre 1805).

2° EN MER : Villeneuve, au lieu de venir protéger la descente en Angleterre de la flottille de Boulogne, se laisse enfermer à *Cadix* et battre à *Trafalgar* (28 octobre 1805).

Paix de Presbourg (26 décembre). Elle *détruit l'empire d'Allemagne* fondé par Othon le Grand avant l'an 1000, et *réduit* l'Autriche à ses possessions héréditaires.

A LA FRANCE : Vénétie, Italie, Dalmatie.

BADE déclaré *grand-duché* indépendant.

BAVIÈRE, *royaume* avec annexion du Tyrol.

WURTEMBERG, *royaume* avec annexion de la Souabe autrichienne. Peu après, confédération du Rhin, à laquelle

(1) Ajoutez *Prudhon* (romantique), peintre de Marie-Louise.

Frédéric-Guillaume, roi de Prusse, veut opposer une *confédération du Nord* ; il en résultera une 4ᵉ coalition.

Campagne de Prusse, Iéna, Friedland (4ᵉ COALITION depuis la mort de Louis XVI).

CAUSES : Napoléon semble entraver la formation d'une *confédération du Nord* qu'il avait autorisée au profit de la Prusse derrière celle du Rhin ; il veut que la Saxe et la Hesse, et les Villes Hanséatiques en soient exclues ; on dit que pour y soustraire le Hanovre, il va le rendre à l'Angleterre ; ultimatum prussien rejeté.

1° PRUSSE OCCIDENTALE : Napoléon vainqueur à *Iéna* et à *Aüerstaedt* (14 octobre 1806), entre à *Berlin.*

2° PRUSSE ORIENTALE : Napoléon court au-devant des Russes et les bat à *Eylau* (février 1807), à *Friedland* (14 juin 1807).

Paix de Tilsitt (8 juillet) : la Prusse est démembrée comme l'empire l'avait été à Presbourg :

1° A JÉRÔME ET AU ROI DE SAXE : les provinces de la Prusse au sud de l'Elbe et ses provinces polonaises.

2° DANTZIG, déclarée ville libre.

3° BLOCUS CONTINENTAL. — Enfin adhésion de la Prusse et de la Russie au blocus continental.

4° RECONNAISSANCE DES ROYAUMES D'ITALIE, DES DEUX-SICILES, DE SAXE ET DE WESTPHALIE, créés par Napoléon.

— **Blocus continental :** Proclamé à Berlin, il fermait toute l'Europe aux Anglais. Stralsund est enlevé aux Suédois, qui ne veulent pas adhérer au blocus ; Portugal occupé par Junot pour le même motif (novembre 1807). — Il sera la cause de la plupart des guerres suivantes, exécutées et soudoyées par l'Angleterre (1).

Conséquences politiques du blocus : Mais en revanche, si ce blocus affaiblit et ruine le commerce anglais, il indispose les peuples européens contre Napoléon ; plus tard il sera la cause de guerres nouvelles (Portugal, Espagne, Russie) ; violence sera faite aux réfractaires.

(1) C'est ainsi qu'elle bombarde Copenhague et enlève la flotte des Danois qui ont adhéré au blocus (septembre 1807).

Conséquences industrielles. Ce système força le continent à créer des manufactures, à cultiver le coton, à extraire le sucre de betterave (qu'avait découvert en 1747 le Prussien Margraff), bref *à se suffire à lui-même.*

— **Droit des neutres** (21 novembre 1806). Tous les ports de l'Europe devant être fermés aux Anglais, ceux-ci forcent dès lors les *navires neutres à toucher* l'Angleterre pour y laisser ou prendre des marchandises et payer 25 °/₀ de leur cargaison ; de là une guerre avec les Etats-Unis.

Cinquième coalition. — Wagram (5e COALITION depuis la mort de Louis XVI).

CAUSE : Pour profiter de l'éloignement de Napoléon, les Autrichiens envahissent la Bavière.

LUTTE (sur le Danube) (1) :

NAPOLÉON chasse les Autrichiens de la Bavière par les trois victoires d'*Eckmuhl*, d'*Abensberg* et de *Ratisbonne* (avril), leur prend Vienne (mai), et les bat à *Essling* et à *Wagram* (6 juillet 1809).

TRAITÉ : A LA FRANCE : Provinces Illyriennes; mariage de Marie-Louise avec Napoléon.

A LA SAXE : La Gallicie. — Adhésion au blocus, dont la Russie se fatiguait déjà.

Etat de l'Europe en 1810 (*Huit États indépendants*), sans compter la Sicile et la Sardaigne :

1° *France*, divisée en cent trente départements (de l'Elbe au Garigliano) et ses *neuf* dépendances : Espagne, Naples, royaume d'Italie, Provinces Illyriennes, Suisse, confédération du Rhin, Bavière, Saxe avec Varsovie, Westphalie ; 2° *Angleterre*, avec nos colonies et celles de la Hollande ; 3° *Autriche*, entre les Carpathes, la Saxe et le Danube, isolée de la mer ; 4° Prusse, réduite à la Prusse orientale, Poméranie, Brandebourg et Silésie ; 5° Russie, avec Finlande et Moldo-Valachie ; 6° Turquie au sud du Danube ; 7° Suède ; 8° Danemark avec Norwége.

(1) Les brûlots de Congrève nous détruisent 12 vaisseaux en rade de l'île d'Aix (avril).

EMPIRE DEPUIS 1810

(Période de revers).

QUESTION VIII

Guerre d'Espagne (1808 à 1813).

CAUSE : Abdication de Charles IV et de Ferdinand son fils; et expulsion de Joseph, proclamé roi d'Espagne après cette abdication; capitulation de Dupont à Baylen (20 juillet 1808). Napoléon va rétablir son frère et chasser les Anglais qui ont délivré le Portugal en faisant capituler Junot à *Cintra* (30 août 1808), et qui se sont joints aux Espagnols.

LUTTE (sur trois points, au Centre, à l'Est et à l'Ouest) :

1° AU CENTRE : Napoléon vainqueur à *Burgos* et à *Somo-Sierra,* entre à *Madrid* (4 décembre 1808).

2° A L'EST : Gouvion-Saint-Cyr prend la Catalogne et bat les Espagnols à *Cardeleu* et à *Molins-del-Rey.*

3° A L'OUEST : Soult chasse les Anglais jusqu'à la Corogne, où ils s'embarquent (1) :

Campagne de Russie (Niémen franchi le 24 juin, repassé le 30 décembre).

CAUSE : Alexandre, empereur de Russie, à violé le blocus (voy. paix de Tilsitt). Il a rouvert ses ports au commerce anglais.

LUTTE : Marche sur Moscou. (Napoléon et ses généraux contre Barclay et Kutusof). Russes battus à *Ostrowno* (25 juillet); *Witepsk* prise le 28. — Résistance et incendie de *Mohilev* (août). Bataille de la *Moskowa* (17 septembre). Entrée à *Moscou* et incendie (septembre). Sortie de Moscou le 19 octobre. Passage de la *Bérésina* (29 novembre).

(1) Après le départ de Napoléon : siége de Saragosse (1809, janvier); Masséna battu à Torres-Vedras (1811); Joseph chassé (1813). — Défaite de Vittoria (21 juin 1813); rentrée en France.

Sixième coalition. — Campagne d'Allemagne (6ᵉ coalition depuis 93).

CAUSE : Les coalisés veulent profiter de nos désastres en Russie et en Espagne pour abaisser la France dans Napoléon Iᵉʳ.

LUTTE (sur cinq points). *Plan* : Napoléon veut conserver la ligne de l'Elbe. Mais :

1° EN SILÉSIE : Macdonald est battu sur la *Katsbach*.

2° EN BOHÊME : Vandamme est battu et pris à *Kulm* avec 6,000 hommes.

3° EN BRANDEBOURG : Oudinot est battu à *Gross-Beeren*, et Ney à *Dennewitz*.

4° EN SAXE : Napoléon, vainqueur à Lutzen et à Bautzen. est défait à Leipsick (octobre).

5° EN BAVIÈRE : Victoire de Hanau, près Francfort, remportée pendant la retraite par Napoléon sur les Austro-Bavarois. L'ennemi nous suit pas à pas.

Campagne de France. (Napoléon manœuvre entre la Seine et la Marne.)

CAUSE : Les coalisés marchent sur Paris par Seine, Marne et Oise.

LUTTE (sur cinq points).

1° VALLÉE DE LA SEINE : Napoléon bat Schwarzenberg à *Montereau* (18 février).

2° VALLÉE DE LA MARNE : Napoléon bat Blücher à *Champ-Aubert* (10 février), *Montmirail* (11 février), *Château-Thierry* (13), *Vauchamps* (14), *Craonne* (7 mars), mais ne peut l'empêcher, par sa victoire d'*Arcis-sur-Aube* (20 mars), de se joindre à Schwarzenberg pour marcher ensemble sur Paris. Napoléon se retire à Saint-Dizier pour y attendre des renforts et projette d'enfermer les alliés dans le bassin de la Seine (1).

3° VALLÉE DE L'OISE : Maison recule devant Bernadotte jusqu'à Soissons.

4° AU SUD : Soult bat à *Toulouse* (10 avril) Wellington, qui a pris Bordeaux (12 mars).

(1) Ce bassin est un *pentagone de montagnes* dont le côté nord-est offre *quatre brèches* que l'Empereur aurait fait occuper. Voir *France Physique*, Atlas de Drioux, et notre Géographie.

5° A L'EST : Augereau capitule à Lyon, et Murat livre l'Italie (janvier).

Paris capitule le 31 mars.

Abdication de l'Empereur (1) : abandonné par ses généraux, par le sénat, par le peuple, qui était las et découragé, il abdiqua le 6 avril 1814, et les Bourbons rentrèrent tandis que Napoléon se rendait à l'île d'Elbe.

La Restauration (du 6 avril 1814 au 20 mars 1815).

Elle provoque, par ses imprudences, le retour de Napoléon : 1° entrée du comte d'Artois avec *la cocarde blanche* et une escorte de *Cosaques*; 2° *licenciement* de cent mille soldats et de quatorze mille officiers de Napoléon, surnommés *brigands* de la Loire ; *admission exclusive des légitimistes aux emplois*; 4° Traité du 30 mai, réduisant la France aux *limites de* 1792 et cédant pour *un milliard et demi* de matériel dans les places fortes ; 5° *déclaration de Saint-Ouen* (2 mai), rejetant le principe de la souveraineté nationale et ne voulant qu'une *charte octroyée;* 6° obligation de célébrer le dimanche ; fête expiatoire, etc. ; 7° *Octroi* de la charte, etc.

Charte de 1814 (*octroyée* par Louis XVIII, le 4 juin 1814).

Au roi : pouvoir exécutif, initiative des lois, *ministres responsables*.

Aux deux chambres : pouvoir législatif, sans l'initiative.

Aux citoyens payant 300 francs de contributions directes et ayant trente ans, l'élection à un degré ; sont *éligibles* les contribuables de 500 à 1,000 francs, âgés de 40 ans.

Principes de 89 acceptés.

Napoléon savait le mécontentement général, il rentra en promettant un gouvernement constitutionnel non octroyé.

Les Cent-Jours (110 JOURS); **l'Acte additionnel.** Les Cent-Jours commencent le 20 mars 1815, jour de la rentrée de Napoléon à Paris, et finissent le 8 juillet, jour de la rentrée de Louis XVIII. Ils sont

(1) Juste mille ans, jour pour jour, après la mort de Charlemagne (31 mars 814).

marqués par *trois faits principaux* : 1° *l'acte additionnel* aux constitutions de l'empire, accepté au *Champ-de-mai* du 1er juin. Cet acte conservait la charte, mais laissait à l'empereur le *droit de confiscation* ; 2° *nouvelle insurrection* de Vendée, Poitou, Anjou et Bretagne, comprimée par Travot et Lamarque (Bat. de la Roche-Servière, en Vendée, le 20 juin) ; 3° par la bataille de Waterloo.

Waterloo (18 juin). Septième coalition.

Napoléon bat les Prussiens à *Ligny* (16 juin), et les Anglais au *Mont-Saint-Jean* (18 du même mois), mais les Prussiens échappent à Grouchy, qui devait les empêcher d'opérer leur jonction avec l'armée anglaise ; ils rallient, à Waterloo, Wellington qui fuyait. Le combat recommence à l'arrivée de Blücher (18), et Napoléon vaincu, au lieu de mourir avec sa vieille garde, se confie aux Anglais, qui le transportent à Sainte-Hélène.

Congrès de Vienne. Traités de 1815. On appelle ainsi le *traité de la Sainte-Alliance* et le *deuxième traité de Paris* (1).

Une pensée y domine : *se prémunir* contre la France et contre ses idées politiques :

1° Traité de la sainte-alliance (26 septembre 1815). Les trois souverains de la Russie, de l'Autriche et de la Prusse y proclament le principe de la *Légitimité* et se liguent contre les doctrines de 1789. De là partout des sociétés secrètes et des troubles politiques. (V. *Louis XVIII*.)

2° Deuxième traité de paris (20 novembre 1815). Il découvre nos frontières en donnant à la Hollande *Philippeville* et *Marienbourg* ; à la Prusse, *Sarrebruck* et *Sarrelouis* ; à la Bavière, *Landau*, forteresses élevées par Vauban dans tous les passages ; en démantelant Huningue ; en rendant les portes des pays de Gex, de Savoie et de Nice (2).

Tableau comparé des puissances et de leurs colonies en 1789 et 1815.

France. Elle a *de plus qu'en* 89 : Mulhouse, Montbéliard,

(1) Deux autres traités ont été conclus en 1814 : 1° *Traité secret du 4 janvier* entre la France, l'Angleterre et l'Autriche contre les prétentions de la Prusse et de la Russie au congrès de Vienne ; 2° Traité du 25 *mars* contre Napoléon et sa famille.

(2) Voir *Histoire contemporaine*, n° VI.

Avignon ; *de moins* : Marienbourg et Philippeville, Bouillon, Sarrelouis et Sarrebruck, Landau, ce qui laisse le pays ouvert à l'invasion ; — Sainte-Lucie, Tabago, Maurice et les Seychelles.

ANGLETERRE. *De plus* : Helgoland, Malte et îles Ioniennes, le Cap, Maurice et les Seychelles, Ceylan, Tabago et Sainte-Lucie.

RUSSIE. *De plus qu'en* 89 : Pologne, Bessarabie (depuis 1812), Finlande, Imérétie, Mingrélie (1803-4).

PRUSSE. *De plus qu'en* 89 : Grand-duché de Posen, province de Saxe, Stralsund, Westphalie, Prusse rhénane.

AUTRICHE. *De plus qu'en* 89 : Vénétie et Dalmatie ; *de moins* : Belgique et couronne d'Allemagne.

HOLLANDE. *De plus* : Belgique ; *de moins* : Ceylan, le Cap.

SUÈDE. *De plus* : Norwége ; *de moins* : Stralsund et Finlande.

La reste n'a pas changé.

LOUIS XVIII

(France. — Étranger.)

QUESTION IX

Règne de Louis XVIII (spirituel, instruit, plus libéral que son entourage, mais indolent et sceptique), louvoya, comme il le dit lui-même, entre les partis. Il eut successivement pour premiers ministres *Richelieu* (deux fois, 1815 à 18 et 1820 à 22), *Dessoles* (1818), *Decazes* (1819), *Villèle* (1822-24), sous lesquels passèrent la *loi électorale* du double vote (1) (1820), la *loi du recrutement* (1818), la loi de *septennalité* de la chambre des députés (1824), le rétablissement *de la censure*

(1) Les colléges électoraux d'*arrondissement* nommaient *une partie* des députés, les colléges de *département* formés des plus hauts censitaires, *l'autre partie*.

(1824). On s'étonne qu'il ait pris part à la *réaction politique* qui commença dès le jour de la bataille de Waterloo, *par les massacres du midi*. Louis XVIII la continue *par son ordonnance du 24 juillet*, qui proscrivait *cinquante-sept personnes*, dont dix-sept devaient être jugées dans un conseil de guerre. Enfin la *Chambre introuvable* (oct. 1815 à sept. 1816), rétablit contre les libéraux le système de la Terreur : 1° *la loi des suspects*, sous le nom de *loi sur la liberté individuelle*, permettait aux maires mêmes d'arrêter n'importe qui ; 2° *le tribunal révolutionnaire*, était en quelque sorte rétabli sous le nom de *cours prévôtales* (il n'y avait ni appel, ni jury, ni recours en grâce). *La loi d'amnistie*, votée aussi par cette chambre, livrait douze cents autres personnes à ces cours de justice expéditive.

PRINCIPALES VICTIMES (1). A Marseille (mamelucks), à Avignon (Brune), à Grenoble (Paul Didier), à Nîmes (Gily et protestants), à Uzès (protestants), à Montpellier (gardes nationaux), à Castelnaudary (chirurgien Baux), à Toulouse (Ramel), à la Réole (les deux Faucher), à Rennes (Travot), au Lude (Sarthe) (paysans), à Paris (La Bédoyère, Ney, Mouton-Duverney) ; Lavalette est assez heureux pour échapper au supplice. Les libéraux, n'osant plus affirmer leurs principes, forment partout des sociétés secrètes.

Mesures économiques. — Système protecteur en France et en Angleterre : la politique nouvelle était le rétablissement du passé. On en revint donc au système *économique de l'ancien régime*, pour reconstituer une aristocratie territoriale et industrielle. De là, EN FRANCE, établissement de l'*échelle mobile*(2) pour les céréales, comme en Angleterre ; droits énormes sur les fers étrangers (120 0/0), sur les étoffes, les sucres, le café, les graines ; en un mot, le rétablissement général du *système protecteur* (colbertisme), surtout en Angleterre et en France. Dans les autres Etats il y eut des mouvements révolutionnaires.

(1) Cette réaction porte quelquefois le nom de Terreur blanche.

(2) Echelle mobile, c'est-à-dire droits *mobiles* ou *variables* suivant l'augmentation ou la diminution des grains pour empêcher ou provoquer l'importation.

Mouvements en Europe. Les peuples des trois presqu'îles de la Méditerranée revendiquent des constitutions libérales ou la liberté, comme la Grèce (1820). Mais la Sainte-Alliance remet sous le joug l'Italie et l'Espagne.

Espagne (Riégo) : Toutes les classes sont indignées du *despotisme de Ferdinand VII,* et 17,000 soldats destinés à l'Amérique se révoltent à Cadix (1819). En 1820, le chef de bataillon Riégo proclame dans le midi la Constitution de 1812 ; la Catalogne, l'Aragon, la Navarre (1), les régiments de la Corogne et du Ferrol se soulèvent en faveur de Riégo, et Ferdinand accède à la Constitution (août 1820).

Lisbonne (Sépulvéda) : Oporto et Lisbonne se soulèvent, à l'imitation de l'Espagne (août 1820), et obtiennent aussi une constitution libérale.

Naples (Pépé) : Le carbonarisme a envahi toutes les classes de la société ; le général Pépé donne le signal de la révolte, en soulevant la garnison de Nola, près Naples. Ferdinand IV accorde la Constitution espagnole de 1812 (juillet 1820).

Milan et Turin (Santa-Rosa) : (Milan veut secouer le joug autrichien ; Turin désire une constitution libérale). La révolte éclate à Alexandrie et à Turin, elle avorte à Milan. Mais plutôt que de céder, le roi *Victor-Emmanuel Ier* abdique en faveur de son frère *Charles-Félix,* le 13 mars 1821, sous le régence de son fils *Charles-Albert,* reconnu comme chef des libéraux. Une *junte provisoire* est réunie.

Grèce (insurrection des Grecs) : En 1819, *Parga,* vendue par les Anglais, avait donné l'exemple de l'héroïsme ; en 1820, le farouche Ali, pacha révolté de Janina, pressé par les Turcs, s'entend avec les *hétairies,* et appelle les Grecs à l'indépendance pour s'en faire des auxiliaires. *Calavrita,* en Morée, donne le signal (1820) ; *Napoli, Navarin* et *Tripolitza* sont délivrées par les insurgés, tandis que les corsaires grecs, *Canaris, Miaoulis* et *Botzaris,* font la chasse aux navires turcs, et qu'*Ypsi-*

(1) Remarquez que ce sont les trois provinces frontières de la France

lanti, réfugié en Russie, les attaque en Moldavie (1820). Le Hétairistes proclament l'indépendance au *Congrès d'Epidaure* (janvier 1822) ; mais il n'y a parmi eux aucune entente, aucune unité dans le commandement.

Mouvements en Allemagne : En Allemagne le libéralisme éclate à l'occasion du congrès de la Wartburg, organisé par la Burschenschafft d'Iéna, pour fêter le 3° jubilé de la Réforme et l'anniversaire de la bataille de Leipsick (18 octobre 1817). On y prononce des discours contre le despotisme, et l'on arbore le drapeau *noir* et *or* du Saint-Empire germanique, emblème que les Allemands ont eu le tort de toujours prendre pour celui de la liberté ; aussi vont-ils jusqu'à *brûler* le Code Napoléon, avec les ouvrages de Kotzebue. Stoudza, ministre russe, fait ordonner des perquisitions : meurtre de Kotzebue, ami des Russes, par un des auteurs de la Wartburg, Maurice Sand (1819) ; attentat contre Lœning, président de Nassau (juillet 1819). Les universités sont mises sous la surveillance de *procureurs généraux*, et une *commission d'enquête* est établie à Mayence (sept.). Cette fièvre de liberté gagne la Pologne et surexcite les colons espagnols.

Mouvements en Pologne : En présence des agitations allemandes, le czar restreint la charte de 1815 (liberté de la presse diminuée, tribunaux exceptionnels, espionnage, impôts arbitraires). Les sociétés secrètes allaient proclamer l'indépendance des *Etats-Unis slaves* lorsque mourut le czar (décembre 1825).

Emancipation des colonies espagnoles : Elle date, il est vrai, du premier empire. Ces colonies comprenaient toutes les régions entre le Missouri et la Patagonie (sauf le Brésil). Elles avaient d'abord refusé de reconnaître Joseph Bonaparte (1808) ; puis, profitant des embarras de l'Espagne durant les guerres européennes, plusieurs d'entre elles se détachèrent de la métropole. La révolte commence aux deux extrémités et au centre (Mexique, 1810, La Plata, 1810, Colombie, 1810).

1° Mexique : A *Dolorès*, le curé *Hidalgo* donne le signal (septembre 1810), il est battu et tué, comme ses successeurs, le curé *Morelos* (1812) et *Mina* (1818) ; mais en 1821 le transfuge *Iturbide* bat le vice-roi et lui impose le *plan d'Iguala*, qui proclamait l'indépendance sous un *infant*.

L'Amérique centrale se joint, en 1821, au Mexique, puis s'en détache et forme cinq républiques, en 1839.

2° La Plata (s'insurge en mai 1810, et assure son indépendance par la victoire de Las Piedras, mais n'obtient une constitution fixe qu'au congrès de *Tucuman* (1816).

San-Martin, revenu d'Espagne, où il a combattu les Français, est élu général à Buénos-Ayres (1815), et va délivrer *le Chili,* révolté depuis 1810, par les victoires de *Chacabuco* 1817), et de *Maypu* (1818) (1).

3° Colombie : Miranda soulève ce pays en 1810, mais la Colombie ne fut complétement libre qu'après les victoires de Bolivar, à *Boyaca* (1819) et à *Carabobo* (1821).

Les deux Pérou reçoivent des secours *du Sud et du Nord :* En 1820, lord *Cochrane*, qui avait fui l'Angleterre devant une condamnation, et San-Martin, vinrent du Chili avec 5,000 hommes, prirent *Lima* en 1821, et proclamèrent l'*indépendance du Pérou.* Elle fut assurée par les victoires de Bolivar, à *Junin* (1824), et par celle de son lieutenant Sucre, à *Ayacucho* (1824). Mais une scission se fit entre le Haut et le Bas-Pérou en 1825 (2).

Pendant ce temps, les rois d'Europe ne restaient pas inactifs, ils conféraient.

Congrès de Troppau, de Laybach et de Vérone (pour réprimer les révoltes) (3) :

1° A Troppau (octobre 1820), l'Autriche, la Prusse et la Russie adoptent le principe *d'intervention armée* dans les Etats secondaires. La France y adhère, l'Angleterre se déclare *neutre*.

2° A Laybach (janvier 1821), l'Autriche promet à Ferdinand de Naples son intervention.

(1) Le docteur Francia (sorte de *Louis XI* pour le caractère) avait délivré le Paraguay en 1811, mais pour asservir ce pays à son profit. Il se fit dictateur.

(2) Cherchez sur la carte : Dolorès (Mex.), Tucuman (La Plata), Chacabuco et Maypu (Chili), Boyaca (Colombie), Junin, Ayacucho (Pérou).

(3) Remarquez qne ces trois villes sont situées dans l'empire d'Autriche.

3° A Vérone (octobre 1822), la France se charge de rétablir le despotisme en Espagne. Mais Canning, nouveau ministre anglais, proclame le principe de *non-intervention*. Note circulaire des *autres* puissances *contre toutes les révolutions,* même celle de Grèce.

Intervention de l'Autriche en Italie. L'armée de Naples bat Pépé à *Riéti* (27 mars 1821), et rétablit le despotisme de Ferdinand IV. Cette réaction sacrifia 16,000 victimes.

Intervention de la France en Espagne (décidée à Vérone).

Malgré l'opposition des libéraux et du député Manuel surtout, qui s'était fait expulser de la Chambre (mars 1823), la France rétablit en Espagne le *pouvoir absolu de Ferdinand VII*, par la prise de Madrid (mai), du Trocadéro et de Cadix août et septembre). Le Portugal, par imitation, revient à son tour à l'ancien régime ; il en est bientôt puni, car le Brésil refuse. de se soumettre au régime colonial d'autrefois et se sépare de la métropole. Il n'est pas jusqu'au roi de Hollande qui ne joue à la réaction.

Louis XVIII mourut le 16 septembre 1824, laissant le trône au comte d'Artois, son frère (1).

CHARLES X (2) (1824-30)

(France. — Étranger).

QUESTION X

§ 1er. FRANCE.

Charles X (1824-1830) : Attaché à l'ancien régime (3), Charles X fut dirigé par la Congrégation. Il eut trois

(1) Toutes les branches capétiennes ont fini par trois frères (Capétiens, Valois, Bourbons).

(2) *Deux guerres sous Charles X :* expéditions de Morée et d'Alger.

(3) Il n'y a, disait-il, que monsieur de la Fayette et moi qui n'ayons pas changé depuis 89.

ministères jusqu'à 1830 : ministère Villèle, qui fonctionnait depuis 1821, ministère Martignac, et enfin celui de Polignac. Il travailla à s'aliéner les partis avec un aveuglement qui étonne.

MINISTÈRE VILLÈLE (1824-28). INDEMNITÉ AUX ÉMIGRÉS : Villèle se signale toujours par des mesures impopulaires : *Indemnité d'un milliard aux émigrés* (4 janvier 1824), *généraux de Napoléon* mis à la retraite ; *loi du sacrilége* ; essai tenté en vue de rétablir le *droit d'aînesse* ; *loi sur la presse,* ne permettant la publication que *cinq jours après le dépôt,* et soumettant les feuilles au *droit du timbre* ; *licenciement* de la garde nationale, qui avait fait entendre le cri : « A bas les jésuites. » (Le *Mémoire à consulter* de Montlosier, 1826, avait achevé de rendre les Jésuites impopulaires. Martignac va les chasser.)

MINISTÈRE MARTIGNAC (1828-29) : Libéral, il expulse *les jésuites* qui refusent de soumettre leurs établissements au *régime universitaire* et d'obéir aux évêques; il supprime le *cabinet noir, et abolit la censure* pour la presse : tout Français peut publier un journal sans autorisation préalable. La gauche trouvant trop *aristocratique*, et la droite, trop *démocratique,* un projet de loi sur la nomination des conseillers généraux et municipaux, *se coalisent* pour le faire échouer; de là, chute du ministère Martignac. On travaillait, du reste, partout à l'apaisement des libéraux et des mécontents en Allemagne, en Portugal, en Grèce, en Angleterre.

MINISTÈRE DE POLIGNAC (août 1829 à juillet 1830). Il était composé d'*ultra-royalistes* (Polignac, Bourmont, La Bourdonnaye, etc.), hommes probes mais opiniâtres et, par leur éducation, absolument étrangers aux besoins et aux idées du temps : aussi tout le monde s'effraya-t-il en les voyant arrivés au pouvoir.

ALARME GÉNÉRALE. Chateaubriand, Villemain, Salvandy (1) donnent leur démission ; reconstitution de la société *Aide-toi, le ciel t'aidera,* et formation de l'*Association bretonne,* qui s'engage à refuser l'impôt si l'on attente

(1) Chateaubriand était ambassadeur à Rome, les deux autres conseillers d'Etat.

à la Charte; *adresse* des deux cent vingt-et-un députés en réponse au discours menaçant du roi à l'ouverture des Chambres (2 mars 1830). Ces députés déclaraient que le gouvernement était en désaccord avec la nation, et protestaient d'avance contre toute restriction qui serait apportée aux droits politiques du pays. Le roi proroge la chambre, puis la dissout le 19 mars; et peut-être dans le but de distraire l'opinion publique, il ordonne l'expédition d'Alger.

Affranchissement de la Grèce (1826). **Navarin :** Le sultan Mahmoud donne le pachalick de Morée à Méhémet-Ali, pacha d'Egypte, à la condition qu'il le reprendra aux Grecs révoltés : son fils Ibrahim (1825), s'acquitte de cette mission. Il attaque aussi la Grèce centrale, où la ville de Missolonghi se fait sauter (avril 1826). Mais la France, l'Angleterre, la Russie, coalisées par le *traité de Londres* (1827), détruisent la flotte turco-égyptienne à Navarin (octobre 1827).

Invasion des Russes en Turquie. Le sultan refusant de traiter, l'empereur *Nicolas* prend *Jassy, Bucharest*, *Silistrie* et *Warna*, tandis que Paskéwitch, son général, menace *Trébizonde*, et que le général français *Maison* chasse de Morée les troupes turques : Ibrahim s'était rembarqué. Le château de Morée, près Patras, oppose seul quelque résistance. L'Angleterre craignant pour Constantinople, fait conclure la paix.

Traité d'Andrinople. Fondation d'un royaume grec (septembre 1829).

1° Le Pruth sera frontière, mais la Russie aura les bouches du Danube et 135 millions, et le protectorat de la Servie, de la Valachie, de la Moldavie, qui ne seront plus *que* tributaires de la Porte (1).

2° L'Hellade, la Morée, Négrepont et l'Archipel formeront un royaume grec indépendant.

Expédition d'Alger (1830).

Trois Causes : Coup d'éventail donné par Hussein, dey d'Alger, à notre consul, M. Deval (1827) (2); 2° nos

(1) Trois clauses annulées plus tard par le traité de Paris.
(2) M. Deval réclamait deux navires français capturés : objection de Hussein demandant pourquoi Charles X n'avait pas fait réponse à une

établissements de *la Calle* détruits en réponse à nos réclamations (1829); 3° M. de la Bretonnière, successeur de l'amiral Collet qui bloquait Alger depuis 1827, est porteur d'un ultimatum ; il est canonné à son retour (1829).

Lutte (blocus par terre et par mer).

Alger : Duperré débarque trente-sept mille hommes à Sidi-Ferruck, à cinq lieues d'Alger (14 juin 1830).
Bourmont bat les Algériens à Staouéli (19 juin). Le fort l'Empereur est assiégé; il saute (4 juillet), et Alger capitule.

Le Ministère, comptant sur ce triomphe pour influencer l'opinion publique, s'imagine qu'il peut désormais tout faire : il provoque

Les Ordonnances (25 juillet 1830), *destructives de la Charte.*

Cause. Réélection des deux cent vingt-et-un députés de l'opposition et de quarante-neuf autres opposants (du 3 au 18 juillet). Le ministère conseille au roi de s'appuyer sur l'*article 14 de la Charte* pour publier les ordonnances suivantes, ce qu'il fait le 25 juillet, encouragé par son succès à Alger :

1° La nouvelle chambre est dissoute; on en élira une autre le 13 septembre; mais les *commerçants ou patentés* ne seront plus électeurs.

2° *Plus de liberté de la presse;* toute publication devra être autorisée.

Il s'ensuivit une révolution.

Révolution de Juillet (26, 27, 28, 29 juillet 1830).

25 *Juillet* : Promulgation des ordonnances.

26 *Juillet* : Les journalistes se réunissent dans les bureaux du *National* pour protester.

27 *Juillet* : La foule empêche la police de briser les presses du *National* et du *Temps*.

28 *Juillet* : Barricades, drapeau tricolore.

lettre, où il revendiquait 2 millions retenus à des Algériens sur une créance française de 7 millions. M. Deval répond : « Un roi de France n'écrit pas à un infidèle. »

29 *Juillet* : Prise du Louvre et des Tuileries par le peuple.

Le 30, le duc d'Orléans devient *lieutenant général* du royaume.

Le 1er août, abdication du roi, qui s'embarque le 16 à Cherbourg.

§ 2. ÉTRANGER.

Angleterre. Revenue aux idées libérales avec le ministre **Canning,** successeur de Castlereagh (1) (1822-27), l'Angleterre soutenait la politique de *non-intervention* à l'étranger, et réformait tout chez elle dans un sens libéral.

Emancipation des catholiques. La chambre dut céder à la ténacité d'O'Connel, chef de l'*Association catholique irlandaise* formée en 1823, et accorder l'abolition du bill du test (2). Bientôt après le bill d'émancipation des catholiques fut accepté dans les deux chambres sur la motion de Robert Peel, et le serment du *test* remplacé par un simple serment de fidélité. Dès lors *égalité* politique entre les partisans des divers cultes.

Réformes économiques de Huskisson, disciple de Smith, qui fut fait président du commerce par Canning.

On lui doit les réformes suivantes :

1° *Acte de navigation partiellement aboli,* sauf pour les colonies.

2° *Importation des céréales permise* (1825).

3° *Droits sur les marchandises étrangères,* même les soieries, *abaissés* au-dessous de 30 p. 0/0 (1823-25).

4° *Impôt du sel supprimé* (1825).

(1) Castlereagh s'était suicidé au moment de partir pour le congrès de Vérone.

(2) Le Test (de *testis*) existait depuis 1673. V. Qu. III du cours de rhétorique. Les fonctionnaires publics étaient, aux termes de ce bill, obligés de déclarer par écrit, à leur entrée en fonctions, qu'ils ne croyaient pas à la transsubstantiation et réprouvaient le culte de la Vierge et des saints.

QUESTION XI

ÉTAT DES LETTRES, DES ARTS ET DES SCIENCES SOUS LA RESTAURATION.

Etat des lettres. (*Deux périodes* correspondant aux deux règnes.)

— Première période (Louis XVIII). *Deux partis* ayant chacun trois écrivains principaux, jusqu'au moment où Chateaubriand passe aux libéraux (1824).

Sous Louis XVIII (deux partis)

1° Parti royaliste (publiant le recueil *la Muse française*) :
Hugo : Odes et Ballades (1822).
Lamartine : Méditations (1820).
Nodier : Smarra (1821). Trilby (1822).
2° Parti libéral :
Béranger : Quatre livres de Chansons (1815-21-25-28).
Delavigne : Les Messéniennes (1819).
Courrier : Pamphlets (1815-25).

— Deuxième période (Charles X).

Les écrivains royalistes passent avec Chateaubriand au parti libéral (1824), et tous sont appelés *romantiques*, de leur amour pour le moyen âge (*langues romanes*).

Les romantiques ont *trois tribunes* pour soutenir leurs opinions littéraires : *le Globe, la Sorbonne, le Cénacle*.

Sous Charles X (Fusion des deux partis).

1° Le Globe (1824), où *Dubois*, *Patin*, *Jouffroy*, *Rémusat* combattent les règles classiques, faussement attribuées à Aristote ; ils invitent les poëtes à imiter les modernes, et notamment Shakspeare, que traduit *Guizot*.
2° La Sorbonne (1827-28), émet les mêmes doctrines littéraires par l'organe de *Villemain*. Elle ose admirer ou blâmer sans égard pour les règles de convention, ex. : Littérature au XVIIIe siècle (1825-28).

Suite de CHARLES X.

Guizot (1) : Histoire moderne (1827-28). Il se fait le chef de l'*école philosophique* et ne se préoccupe pas des méthodes reçues.

Cousin : Abandonne les Grecs et les Romains pour les philosophes allemands (1827-28).

3° LE CÉNACLE (1827), proclame et applique les mêmes principes d'indépendance.

Hugo : Publie *Cromwell* avec sa préface, qui est, en quelque sorte, un manifeste en faveur du romantisme (1827) ; les Orientales (1828), Hernani et Marion Delorme (1829).

De Vigny : Donne ses poésies (1826), et Cinq-Mars (1826).

(*Em. Deschamps, Alf. de Musset* et *Sainte-Beuve*, etc., font aussi partie du Cénacle.)

INFLUENCE DES LITTÉRATURES ÉTRANGÈRES (allemandes et anglaises).

Nos écrivains empruntent à l'Allemagne et à l'Angleterre :

1° Le mépris des règles arbitraires des classiques (à Goëthe). *La seule unité est celle d'ensemble* (Goëthe).

2° L'amour du moyen âge et l'art de ressusciter les époques (Walter Scott et Goëthe).

3° L'amour de la nature et une certaine tendance à la rêverie (Goëthe et les lakistes).

4° De même une tendance à exprimer les émotions personnelles (Byron, Schiller et Goëthe).

Arts (Peinture classique et romantique, Musique).

1° PEINTRES CLASSIQUES : *Ingres* recherche la pureté du dessin. Il observe toutes les règles de l'Antique.

2° PEINTRES ROMANTIQUES : *Géricault* (Naufrage de la Méduse, 1819), et *Delacroix* (massacre de Chio, 1824), sont plutôt des coloristes peu soucieux de la perfection des détails.

3° PEINTRES FORMANT UNE ÉCOLE MIXTE : *Paul Delaroche*, mort en 1856 ; *Ary Scheffer*, mort en 1861.

(1) De Barante devint le chef de l'*école descriptive* par son *Histoire des ducs de Bourgogne* (1825). Aug. Thierry publia, en 1825, son *Histoire de la conquête de l'Angleterre* ; Thiers donna l'*Histoire de la Révolution* (1827). Ces deux derniers forment une *école mixte*.

MUSICIENS : *Rossini* (Barbier, 1816, Guillaume Tell, 1829). — Ses disciples sont : *Boïeldieu* (Dame blanche, 1825), *Auber* (Muette, 1828), *Hérold*, etc. Les œuvres de ces maîtres renferment *moins de récitatifs* et plus de *morceaux d'ensemble* que celles de leurs devanciers. Cet heureux changement est dû à Rossini.

Sciences (mathématiques, physiques, naturelles, médicales).

1° SCIENCES MATHÉMATIQUES : Ampère (m. en 1836), Biot (1862), Fresnel (1827), Cauchy (1857).

2° SCIENCES PHYSIQUES : Ampère, Biot, Arago (1853).

3° SCIENCES NATURELLES : Cuvier (1832), Geoffroy Saint-Hilaire (1844), Humboldt (1835), Jussieu (1836), Thénard (1857).

4° SCIENCES MÉDICALES : Dupuytren (1835) et Broussais (1838).

Nouvelles applications de la science à l'industrie : Le *Charles-Philippe* lancé par Jouffroy sur la Seine (1816), pour le mariage du duc de Berry. *En* 1818, premier vapeur entre Londres et Gravesend. *En* 1819, parmier vapeur transatlantique de Savannah (Etats-Unis) à Liverpool.

CHEMINS DE FER : En 1804, *Trevithick* et *Vivian* remplacent les chevaux par des locomotives à vapeur sur les *railways* des mines anglaises; en 1819, *Blackett* empêche la locomotive de tourner sur place, en augmentant son poids; en 1827, premier chemin de fer français pour les mines de *Saint-Etienne* et celles de *Rive-de-Gier*; en 1829, Seguin, d'Annonay, invente le ventilateur et la chaudière à tubes longitudinaux (*chaudière tubulaire*), traversant l'eau de la chaudière, ce qui augmente la *surface de chauffe*.

ECLAIRAGE AU GAZ : En 1786, *Philippe Lebon* en fait le premier essai, au Havre, avec le gaz extrait du bois ; en 1798, l'Anglais *Murdock* éclaire une usine avec le gaz de la houille. Winsor fonde en 1804, à Londres, une compagnie pour l'éclairage au gaz, et une autre compagnie à Paris en 1825.

PHARES : En 1827, *Fresnel* remplace les réflecteurs de métal par *huit lentilles* de verre, disposées de manière à réfracter horizontalement les rayons lumineux.

Carte géologique de la France commencée par *Elie de Beaumont*, en 1825, et achevée, avec la collaboration de *Dufresnoy*, en 1841. Un premier fragment de cette carte a figuré à l'exposition de 1855.

Découvertes qui ont mis sur la voie de la télégraphie électrique. Il y en eut trois :

1° *Pile de Volta* (1800), que Sommering applique à la télégraphie en faisant arriver les courants dans vingt-cinq vases d'eau (1811), un vase pour chaque lettre alphabétique.

2° *Electro-magnétisme*, découvert en 1820 par le Danois Œrstœdt, et appliqué par Ampère à vinq-cinq aiguilles aimantées, pour les 25 lettres de l'alphabet.

3° *Aimantation du fer doux* par les courants, découverte par Arago (1820), et appliquée définitivement à la télégraphie.

LOUIS-PHILIPPE (1830-48)

(France. — Etranger).

QUESTION XII

§ 1er. FRANCE.

Règne de Louis-Philippe, fils de Philippe-Egalité (1830-1848). Dans sa jeunesse il s'était distingué comme libéral et comme soldat (à Valmy et à Jemmapes). Emigré avec Dumouriez, il vécut successivement en Suisse (1), en Amérique, en Sicile, en Angleterre, refusant toujours de servir contre la France. Il eut dix ministères en dix ans (1830-1840) (2), et laissa modifier la Charte au gré des Chambres.

(1) Il fut professeur à 1,400 fr. au collége de Reichenau (Suisse), pendant huit mois.

(2) Les principaux de ces ministères furent : 1° min. *Laffitte*, ou du 2 no-

Politique extérieure (1). *Etre en paix* avec l'Europe et surtout avec l'Angleterre (politique dite de la *paix à tout prix*), de là :

1° Refus d'annexer la Belgique; abandon de Méhémet-Ali et de Cracovie ;

2° Politique plus que courtoise suivie à l'égard de l'Angleterre : Voyages de la reine Victoria à Eu (1843), du roi Louis-Philippe en Angleterre (1844), expéditions communes à Madagascar, Buenos-Ayres, Uruguay, Paraguay ; droit de visite (1841-45); indemnité Pritchard (1843); rapatriement des cendres de Napoléon (1840).

Où LE ROI SE MONTRE INDÉPENDANT : Occupation d'*Ancône* (1832); mariages espagnols (1846); conquête de l'Algérie, opérée malgré les intrigues anglaises.

Charte de 1830 (acceptée et *non octroyée,* 8 août). — C'était celle de 1814 avec quatre modifications principales :

1° Le catholicisme n'est plus la religion de l'Etat, mais celle de la *majorité des Français ;*

2° L'article 14, qui permet au roi de faire des ordonnances, est supprimé, et il partage l'*initiative* des lois avec la Chambre;

3° Plus de censure ; établissement du jury en matière politique;

4° Age des électeurs et des éligibles abaissé à vingt-cinq et trente ans; le cens est fixé à 200 et 500 francs.

— **Loi sur l'instruction primaire** ordonnant à toute commune d'avoir une école gratuite pour les pauvres (M. Guizot, 1833).

— **Lois sur les travaux publics :** Travail de noins de huit heures, et *seulement* pour les enfants de

vembre 1831 (quatre mois); — 2° min. *Périer*, ou du 13 *mars* 1831 (dix-huit mois); 3° min. *Molé* ou du 6 *septembre* 1836 (deux ans et demi); — 4° min. *Soult*, ou du 11 *octobre* 1839 (cinq mois); — 5° min. *Soult-Guizot*, ou du 29 *octobre* 1840 (sept ans).

(1) *Trois guerres sous Louis-Philippe* (en Algérie) : deux contre Abd-el-Kader et contre Achmet, bey de Constantine. — Ajoutez-y : 1° prise d'Anvers; 2° occupation d'Ancône; 3° expéditions de Madagascar, de La Plata, de Saint-Jean d'Ulloa.

plus de huit ans dans les manufactures. Ordre de les envoyer à l'école jusqu'à douze ans (mars 1841).

1° ABOLITION DE LA LOTERIE (1839), qui était une tentation dangereuse pour le pauvre.

2° CERTAINS PROGRÈS DUS A LA LIBERTÉ POLITIQUE : En s'instruisant, le peuple prend goût aux questions économiques et de jour en jour s'accroît sa capacité politique.

3° LA LIBERTÉ RELIGIEUSE : Habitudes de tolérance dont le duc d'Orléans donne l'exemple par son mariage avec une protestante ; multiplication des paroisses ; la liberté des cultes devient une vérité.

— **Développement de l'industrie :** Au lieu des 2,500 machines de 1830, il y en a près de 5,000 en 1848 ; l'extraction de la houille s'élève de 15 millions de quintaux à 50 millions.

1° ET DÉVELOPPEMENT DU COMMERCE : Malgré le système protecteur que les censitaires étaient intéressés à maintenir, l'importation monte de 600 millions à plus d'un milliard.

On doit encore à ce règne

2° UNE LOI SUR LES CHEMINS VICINAUX (1836) ordonnant leur classement.

— **Loi sur les chemins de fer** (1842) : Elle prescrit la construction d'un grand réseau (Nord, Ouest, Sud, Est, Méditerranée, Grand-Central, Midi).

Progrès des sciences : Par les travaux de *Dumas* (chimie), de *Babinet* (physique), de *Leverrier* (astronomie), d'*Elie de Beaumont* (géologie), de *Daguerre,* qui découvre la photographie sur verre (1839), de *Blanquart-Evrard,* la photographie sur papier (1847), de *Ruolz,* qui applique la galvanoplastie à la dorure et à l'argenture (1851).

ECONOMIE POLITIQUE. Ce fut durant les dernières années du règne de Louis-Philippe, que se propagèrent les IDÉES SOCIALISTES. On les avait vues tout d'abord émises par les *Saint-Simoniens* (pas d'hérédité, à chacun selon ses mérites), puis par Fourier, père du Fouriérisme ou *socialisme* (phalanstères), par Proudhon, esprit souvent paradoxal, mal lu et presque toujours incompris de l'ou-

6.

vrier, par le socialiste Louis Blanc (égalité des salaires, plus de concurrence).

Conquête de la plus grande partie de l'Algérie (sur Abd-el-Kader et le bey de Constantine).

NOS POSSESSIONS D'ALGÉRIE EN 1834 : 4 villes importantes : Alger, Oran, Bône, Bougie.

SIX GOUVERNEURS DE 1834 A 1848 : D'Erlon, Clausel, Damrémont, Valée, Bugeaud, Aumale.

PREMIÈRE GUERRE CONTRE ABD-EL-KADER (1834-1837).

CAUSE : Abd-el-Kader, émir de Mascara, prèche la guerre sainte, prend *Arzew* et menace *Mostaganem*.

LUTTE : *Arzew* délivrée, *Mascara* et *Tlemcen* prises (1836), victoire de la Sikkah (Bugeaud, juillet 1836).

RÉSULTATS : Traité de Tafna (1837) ; il donne à *la France* les villes maritimes, la province de la Métidja et le Sahel ; à *Abd-el-Kader*, l'intérieur des provinces d'*Oran*, d'*Alger*, de *Titery*. L'émir reconnaît notre souveraineté.

LUTTE CONTRE ACHMET, BEY DE CONSTANTINE (1836-1837). Constantine fut prise le 13 novembre 1837 par le maréchal Valée et le duc de Nemours, après un échec en novembre 1836. (Audace du lieutenant-colonel Lamoricière qui est blessé, le général Damrémont *tué*.)

DEUXIÈME GUERRE CONTRE ABD-EL-KADER (1840-1847).

CAUSE : Inquiétude d'Abd-el-Kader après le passage des Portes-de Fer par le duc d'Orléans parti en exploration de Bône et de Sétif pour Alger (1833). Il prêche la guerre sainte et demande l'appui du Maroc.

LUTTE : Attaque de Mazagran (1840). L'émir traqué partout s'enfuit au Maroc quand il voit sa famille et celles de tous les révoltés prisonnières (affaire de la Smala) et les villes tombées en notre pouvoir (1842-43). Les Marocains gagnés par lui sont battus à Isly (août 1844), tandis que le prince de Joinville bombarde Tanger et Mogador (août).

RÉSULTATS : Chassé du Maroc, cerné en Algérie par quatre colonnes, Abd-el-Kader se rend à Lamoricière (Décembre 1847). Il est demeuré l'ami fidèle de la France.

RAPPROCHEMENT.

Angleterre.	France.
Charles Ier mis à mort.	Louis XVI mis à mort.
République.	République.
Le général Cromwell saisit le pouvoir.	Le général Bonaparte saisit le pouvoir.
Restauration de deux Stuarts.	Restauration de deux Bourbons.
Guillaume, parent du dernier roi, le supplante.	Louis-Philippe, parent du dernier roi, le supplante.

Louis-Philippe mourut le 20 août 1850 à Claremond (Surrey), dans sa 77e année.

§ 2. ÉTRANGER.

Conséquences de la révolution de 1830. — Mouvements en Europe. — Tous les libéraux d'Europe applaudirent et voulurent aussi s'affranchir ou tout au moins corriger la constitution de leur pays. Il y eut des *mouvements et des réformes partout,* excepté en Autriche et dans les Etats scandinaves (*tout autour de la France*) :

En Belgique, en Allemagne, en Suisse, en Italie, en Espagne, en Portugal, en Angleterre, en Pologne et jusqu'en Egypte et en Turquie. La France intervient dans deux contrées (Belgique et Italie).

Création du royaume de Belgique. — Le 25 août 1830, révolte à Bruxelles au sortir de la représentation de *la Muette*, épisode de la Délivrance de Naples par Mazaniello en 1648. On chasse les troupes hollandaises.

Le 25 septembre, barricades à Bruxelles ; cinq jours de lutte contre le fils du roi de Hollande.

Le 5 octobre, indépendance de la Belgique proclamée.

Le 20 janvier 1831, cette indépendance est reconnue à Londres par les grandes puissances.

En juillet 1832, la couronne, refusée par le duc de Nemours, est donnée à Léopold de Saxe-Cobourg, qui épouse Louise d'Orléans, fille aînée de Louis-Philippe (août).

Le 23 décembre 1852, la citadelle d'Anvers est prise par la flotte et l'armée anglo-françaises.

Insurrection polonaise (29 novembre 1830). — Les Polonais, persécutés surtout dans leur religion par l'autorité russe, chassent de Varsovie le grand-duc Constantin, et nomment *dictateur* le *général Clopicki*, ancien soldat de Napoléon ; ils lui donnent, pour l'assister, une *commission de cinq membres*. Mais le Russe Paskéwitch reprend Varsovie (8 septembre 1831), après deux victoires de Diebitsch son prédécesseur, à *Grochow* et *sur la Narew* (février et mai 1821).

Mouvements en Suisse. — Le *parti libéral* veut abolir la constitution de 1825, que soutient au contraire le *parti fédéral* ; il demande *trois réformes principales* :

1° Pour chaque canton, une représentation à la Diète, représentation qui soit en rapport avec la population ;

2° Prolongation de la Diète au delà de deux ans ;

3° Armée fédérale.

L'Argovie se soulève le 6 décembre 1830, et s'organise démocratiquement. Les autres cantons l'imitent, mais les trois réformes ci-dessus sont ajournées.

En Allemagne (entre le Rhin et l'Elbe), le Hanovre, le Brunswick, la Saxe, les deux Hesses obtiennent de leurs gouvernants des constitutions libérales ; mais la Diète de 1832, à Francfort, défend tout changement dans les institutions des pays allemands : elle promet des secours aux princes violentés. Interdiction des fêtes et des réunions politiques.

Dans l'Italie centrale :

Le 2 février 1831, élection du pape Grégoire XVI ; le *lendemain*, Bologne chasse le prolégat du pape, et nomme un *gouvernement provisoire ; Modène, Ferrare, Parme, Urbin, Spolète, Pérouse, Terni, Ancône* en font autant dans le même mois.

Le 4 mars, les *députés de toutes les villes* proclament, à Bologne, le *statut constitutionnel des provinces unies italiennes*, et installent un gouvernement central, dont Vicini est le président, et Zucchi, le généralissime.

Intervention de l'Autriche (1831). — Le général autrichien Frimont, émigré lorrain de 91, passe le Pô et rétablit les souverains de Modène et de Parme ; il prend Bologne (20 mars), puis Ancône, où s'était réfugié le gouvernement provisoire. Il se retire après l'amnistie prononcée par le pape, en mars, et l'acceptation par le cardinal Bernetti d'un *memorandum*, où les grandes puissances demandaient l'admissibilité des laïques aux fonctions judiciaires et administratives, et le fonctionnement de conseils provinciaux *électifs* (mai).

Occupation d'Ancône par la France (1832 à 1838). — Un *édit du 5 juillet* violant les promesses du *memorandum*, les troubles recommencent, et les Autrichiens s'emparent de Bologne; mais la France s'empresse d'occuper Ancône (2 février 1832), afin d'empêcher l'Autriche de s'établir à demeure dans les Romagnes.

En Angleterre, bill de réforme (4 juin 1832, après des émeutes et grâce à John Russell) :

1° Est *électeur* tout locataire d'une valeur de 1,250 fr. (50 liv. st.) dans les *comtés*, et de 250 dans les *bourgs* (10 liv. st.).

2° Tout *bourg* ayant moins de *mille habitants* n'a plus de députés, ce qui supprime ou réduit à un seul les représentants de plus de cents *bourgs-pourris*, comme *Old-Sarum*, qui nommait *deux* députés pour *sept* habitants.

3° Vingt-sept *villes* jusque-là *sans représentation* (Liverpool, Manchester, Birmingham, etc.), en auront une proportionnelle à leur population (1).

En Portugal, établissement du gouvernement constitutionnel. — En juillet 1381 une escadre française force l'entrée du Tage, réputée alors inexpugnable, et y bloque la flotte portugaise. L'amiral Roussin qui la commandait se retire après avoir obtenu de don Miguel, l'usurpateur du trône de Portugal, une indemnité de 800,000 francs pour frais de guerre et réparations de dommages causés à deux Français maltraités. Don Pedro profite du mécontentement général contre don Miguel pour faire couronner sa fille *Dona Maria*, et doter le Portugal d'un gouvernement constitutionnel.

En Espagne, établissement du gouvernement constitutionnel (15 avril 1834). — A la

(1) Ce système donnait *un million* d'électeurs pour 25 millions d'habitants; le nôtre 200,000 *seulement* pour 35 millions d'habitants.

mort de Ferdinand VII (septembre 1833), les *absolutistes,* en vertu de la *loi salique* de 1713, couronnent *leur chef* don Carlos, l'Apostolique, son frère ; mais les *libéraux,* invoquant le décret de mars 1830 qui abrogeait cette loi, proclament Isabelle II, fille de Ferdinand, sous la tutelle de sa mère *Marie-Christine;* d'où une guerre civile de *Sept ans* entre les deux partis (carlistes et christinos) (1). Pour *récompenser* ses partisans et flatter le Portugal, la France et l'Angleterre, qui la soutenaient, la Régente octroie à l'Espagne, par l'*Estatuto réal,* de 1834, un *gouvernement constitutionnel* (une charte et deux chambres).

Réformes de Mahmoud en Turquie. — *Elles* sont *de trois sortes :*

1° Il introduit peu a peu les mœurs et les usages européens (fez et redingote, théâtres, journaux, bals, etc.).

2° Il organise l'armée a l'européenne, d'où le massacre des janissaires qui se sont révoltés (1826).

3° Il se prépare même a établir une administration a l'européenne. (Son fils Abdul-Medjid l'établira par le Tanzimat (1839).

Réformes de Méhémet-Ali en Égypte. — Elles sont aussi *de trois sortes :*

1° Armée a l'européenne, organisée par le colonel lyonnais Sèves (Soliman-Pacha), aide-de-camp de Grouchy, en 1815.

2° Création d'une flotte au moyen de navires achetés en France et en Italie (création d'arsenaux, chantiers, écoles) (2).

3° Le pacha se fait propriétaire de tout le sol ; tous les cultivateurs deviennent ses fermiers. — Il prend aussi le monopole du commerce et de l'industre. (Nouvelles cultures : Coton, mûrier.)

(1) Les victoires d'Espartero sur les carlistes et la capitulation de Bergara y mirent fin en août 1839. Don Carlos fut interné en France où il avait fui ; Isabelle régna donc ; mais une révolution militaire, dirigée par le général Prim, a chassé cette reine et établi un gouvernement provisoire (1868).

(2) Le négociant marseillais Lion lui fit admirer et aimer la France dès l'enfance ; aussi tous ces établissements étaient-ils dirigés par des Français (Clot-Bey, Mougel-Bey, Perron, Prince, Jomard, Linant-Bey).

Quand on a des forces, on veut les essayer : Méhémet-Ali attaqua la Turquie.

— (1833). — Méhémet-Ali, ayant *vainement* réclamé qu'on lui livrât quelques *fellahs enfuis* en Syrie, et convoitant d'ailleurs cette contrée pour avoir des *bois de construction,* y envoya son fils Ibrahim avec une armée. Conquête de la Syrie. — Maître des défilés du Taurus par la victoire de *Hems,* de la route de Constantinople par celle de *Konieh,* Ibrahim s'avance jusqu'à Broussa. Aussitôt Mahmoud implore le secours du czar Nicolas (1833), et signe avec lui le traité d'*Unkiar-Skelessi,* qui fermait la mer Noire à l'Europe. Méhémet se retire, mais après avoir reçu du sultan l'investiture des quatre pachalicks de Syrie. (Traité de Kutaïef, 14 mai.)

La question d'Orient se résume à ceci : *Que deviendra l'empire Ottoman convoité par la Russie,* c'est-à-dire, qui aura les portes de la mer Noire. — L'Angleterre veut son intégrité. Or en 1839 la France empêche le pacha d'Egypte, vainqueur à Nigib, de marcher sur Constantinople, en lui promettant de lui faire obtenir *l'hérédité des pachalicks d'Egypte et de Syrie ;* en même temps notre ambassadeur à Londres proposait hautement cette hérédité. *De là un rapprochement subit entre la Russie et l'Angleterre* pour *deux raisons :* 1° la Russie craint qu'un compétiteur puissant et musulman ne lui dispute le Bosphore ; 2° l'Angleterre ne veut pas qu'un Empire *allié de la France* puisse au besoin interrompre ses communications avec l'Inde (par le *golfe Persique* et la *mer Rouge*) ; elle se montre d'autant plus opposée à cette concession de la Porte, qu'elle vient, pour assurer sa position en Asie, de se faire céder Aden. De concert avec l'Autriche et la Prusse, la Russie et l'Angleterre mettent obstacle à la réalisation des promesses faites par la France (1839) (1).

Traité de Londres (15 juillet 1840), entre Angleterre, Prusse, Autriche, Russie (2). Ces puissances of-

(1) C'était la politique de lord Chatam : « Avec un homme qui, disait-il, ne voit pas les intérêts de l'Angleterre dans la conservation de l'Empire Ottoman, je n'ai pas à discuter. »

(2) Le Tzar ne se rapproche de l'Angleterre que parce qu'il y voit l'occasion de rompre l'alliance anglo-française.

frent à l'Egypte trois choses principales, acceptables sous trente jours :

1° Administration *héréditaire* du pachalick d'Egypte.

2° Administration à titre *viager* de la Syrie, au sud d'une ligne allant de Beyrouth à la pointe nord du lac de Tibériade.

3° Abandon par ses troupes de l'Arabie, des villes saintes, de Candie et du district d'Adana, clef du Taurus.

Convention des détroits (13 juillet 1841). — Comptant sur la France, Méhémet-Ali refuse d'acquiescer au traité de Londres. Alors les alliés bombardent et prennent *Beyrouth* (sept. 1840) et *Saint-Jean-d'Acre* (nov.). Mais la France, malgré ses armements (elle s'occupait alors des fortifications de Paris), ne vient pas au secours de l'Egypte ; aussi Méhémet cède aux vœux des coalisés lorsque leur flotte se présente devant Alexandrie. Un hatti-shérif du Sultan (fév. 1841) règle définitivement la position de Méhémet, et les quatre puissances invitent la France à prendre part à la *convention* suivante, dite *des Détroits :*

« A l'avenir, en temps de paix, l'entrée des *deux détroits* des Dardanelles et du Bosphore est interdite à tout bâtiment de guerre, à moins d'une permission du sultan. » (V. Guerre de Crimée.)

Progrès des Anglais dans les Indes (1800 à 1830) :

De 1800 à 1818, ils s'emparent des pays situés *entre le bassin de l'Indus, la Djemma et la Kistnah* (Mahrattes) ;

En 1824 et 25, ils occupent le *littoral du royaume d'Ava, Singapour* et *Malacca.*

Ces progrès attirent l'attention des Russes qui, de leur côté, étendent leur domination en Asie.

Progrès des Russes en Asie. — Ils s'étendent jusqu'à la Chine et au grand Océan, en Sibérie, et marchent vers l'Inde, des *deux côtés de la Caspienne :*

1° Au sud du Caucase : De 1800 à 1830, ils s'avancent jusqu'à l'Aras ;

2° A l'est de la mer Caspienne : Depuis 1830, l'Aral et le Syr-Daria étaient frontière russe. Nicolas jugea qu'il arriverait plus vite et plus sourdement en employant la Perse, qu'il regardait comme sienne.

— En 1830, la Perse était presque une dépendance de la Russie, qui, pour se rapprocher davantage de l'Inde, poussa le shah Mohammed à attaquer Hérat, ville située sur la route qui va de la Caspienne à l'Indus (1838).

Siége de Hérat (1838) par le shah de Perse, vendu aux Russes, sous prétexte que l'Etat de Hérat a retenu 12,000 Persans en esclavage. — Les Anglais, comprenant que le shah est l'agent des Russes, lui font lever le siége de Hérat en faisant une diversion dans le golfe Persique, où ils s'emparent de Buschir. La Russie n'en demeure que plus influente à Téhéran, et les Anglais recourent à un autre moyen ; afin de protéger l'Inde, ils s'assurent un allié dans l'Afghanistan.

Les Anglais et la Chine. — Les Anglais transportaient annuellement de l'Inde en Chine pour *cent millions d'opium,* cette marchandise payable *en numéraire seulement.* En 1837, l'empereur de la Chine, alarmé de l'abus que ses sujets faisaient de l'opium et aussi de l'exportation du numéraire, défendit ce commerce, qui continua grâce à la contrebande.

Guerre de l'opium (1840-1842). Trois expéditions:

Cause : 22,000 caisses d'opium venus en contrebande sont jetées à la mer à Canton, par ordre du Commissaire impérial Linn (juin 1839).

1re expédition (1840) : Prise de *l'île de Chousan,* qui domine l'embouchure du Kiang ; 26 millions d'indemnité sont promis, puis refusés, d'où :

2° expédition (1841) : Prise d'Amoy, de Ning-Po, de Tche-Kiang ; refus de négocier, d'où :

3° expédition (1842) : Prise de *Shang-Haï,* fermeture du canal impérial dans le Kiang, d'où enfin :

Traité de Nankin (août 1842) : 1° Les cinq ports de *Shang-Haï, Ning-Po, Amoy, Fou-Tcheou* et *Canton* sont ouverts aux Européens :

2° Hong-Kong et 120 millions sont donnés aux Anglais.

Mais Anglais et Russes, regardant l'Asie comme leur proie exclusive, se réconcilient pour en écarter la France.

CHANGEMENTS TERRITORIAUX

SURVENUS EN EUROPE ET EN AMÉRIQUE DEPUIS 1848. — PROGRÈS DE LA COLONISATION EUROPÉENNE.

QUESTION XIII

Changements territoriaux depuis 1848.

En Europe : *neuf États* ont subi des changements territoriaux : les six grandes puissances, et de plus la Turquie, la Grèce et le Danemark.

1° PRUSSE. En 1866, après Sadowa, elle s'est incorporé *huit états* de l'ancienne Confédération germanique : *Sleswig, Holstein, Lauenbourg, Hesse-Cassel, Hesse-Hombourg, Francfort, Nassau* et *Hanovre*. En 1871, elle s'est annexé l'*Alsace-Lorraine* et le roi a pris le titre d'empereur d'Allemagne. L'empire se compose de 24 états autonomes, reste des 34 de la Confédération germanique (v. géog.).

2° ITALIE : Les *sept morceaux* de 1848 (*Piémont, Lombard-Vénitien, duchés de Parme, de Modène et de Toscane, États de l'Église,* royaume des *Deux-Siciles*) n'en font plus qu'un, grâce à Napoléon III, puis à la Prusse, à laquelle l'Italie s'était alliée contre l'Autriche, afin d'enlever le pays de Venise ; — mais *cession à la France* de la Savoie et des duchés de Nice.

3° AUTRICHE : a perdu le Lombard-Vénitien, et ne fait plus partie de la Confédération allemande.

4° FRANCE : a perdu Alsace et Lorraine (3 départements), et acquis deux départements et demi (Nice, Haute-Savoie et Savoie).

5° ANGLETERRE : a cédé, en 1863, les îles Ioniennes à la Grèce à condition qu'elles soient *neutralisées*.

6° RUSSIE a perdu, par la guerre de Crimée, la branche nord des bouches du Danube (district d'Ismaïl et pays entre le Pruth inférieur et l'Yalpouk). — Pologne déclarée province intégrante (1865).

7° TURQUIE : agrandie aux dépens de Russie (v. Russie).

8° GRÈCE : agrandie des îles Ioniennes.

9° DANEMARK : Dépouillé du Lauenbourg, du Holstein et du Sleswig par l'Autriche et la Prusse et finalement par la Prusse.

En Amérique : quatre territoires changés :

1° ETATS-UNIS : ont annexé le Nouveau-Mexique, une partie de l'Orégon, Texas et Californie enlevées au Mexique en 1848 ; le désert des Mormons (Utah) en 1850, l'Amérique russe achetée en 1867, et réunie sous le nom de territoire d'Alaska.

2° NOUVELLE-BRETAGNE : agrandie d'une partie de l'Orégon partagé avec les Etats-Unis.

3° MEXIQUE : a perdu les régions ci-dessus (v. Etats-Unis).

4° PANAMA séparé de la Nouvelle-Grenade (1855).

Progrès de la colonisation européenne. — La navigation a puisamment contribué à étendre dans le reste du monde l'influence des nations européennes. Aujourd'hui les lignes de paquebots anglais et français relient toutes les colonies et tous les pays du monde à l'Europe. Les relations se sont encore multipliées par l'établissement des lignes télégraphiques continentales et transatlantiques; par l'accroissement et la liberté du commerce, la fondation de nouveaux comptoirs en Asie (Chine, Japon, Cambodge, etc.) et en Afrique, et surtout par la suppression du pacte colonial.

Prospérité des établissements hollandais. — Ils renferment près de 20 *millions d'habitants,* soumis à un régime particulier. Les colonies hollandaises sont, en quelque sorte, administrées comme une *métairie.* L'Etat est *seul propriétaire* du sol, et a droit au travail des indigènes. L'exportation annuelle est de 260 *millions.* L'industrie indigène suffit à la population. (Chemins de fer de Java, machines à vapeur, etc.).

Prospérité des colonies anglaises. — Elles ont une population de *plus de* 220 *millions d'habitants,* et 15 *millions de kilomètres carrés* (1). Il en sort annuellement 55,000 *navires*, exportant de l'Inde seule, pour deux milliards de produits. Mais cette prospérité a été un instant troublée par l'*insurrection des Cipayes* (1857). Cette révolte, qui se changea en une terrible insurrection, fut surtout provoquée par les exactions anglaises, et peut-être aussi par les intrigues de la Russie pendant la guerre de Crimée. Sur le bruit qu'on allait embarquer les indigènes, et qu'une prédiction limitait à cent ans la durée de la domination anglaise (1757-1857), une insurrection militaire éclata à Meerut, près de Delhy, à propos de cartouches enduites de graisse (2) données aux Cipayes. Massacre de 120 Anglaises et de leurs enfants à Cawnpore. Lawrence, avec les Siks, ennemis des Cipayes, Campbell, qui s'était illustré à l'Alma, et Havelock compriment l'insurrection. La répression fut atroce.

Situation des Anglais dans l'Inde depuis la guerre des Cipayes. — L'issue de cette guerre y a doublé leur influence morale, et a assuré leur domination, car la compagnie des Indes ayant été supprimée, la métropole gouverne directement sans violence, et avec des troupes européennes. Il y a un *Ministre* des Indes assisté d'un *Comité consultatif*. Mais l'Inde est réduite *exclusivement* à la production des matières premières, et surtout du *coton*. (Chemin de fer de *Calcutta à Lahore* et de là *à Madras*.)

Les Russes dans l'extrême Orient. — Libres de trafiquer avec la Chine, par Kiakta, depuis 1798, les Russes ont obtenu, en 1860, le droit de faire le commerce sur tous les points du Céleste-Empire. — Ils se sont étendus jusqu'à l'Amour, jusqu'à la Corée, le long du littoral, où ils ont construit les ports de Nicolaïef, Alexandrowsk et Constantinowsk (3) et jusqu'au Caboul par le Turkestan. Ils enveloppent donc les trois quarts de la Chine. Mais cet empire reste toujours fermé, de même que le Japon.

(1) La Grande-Bretagne n'en a que 310,000.

(2) La religion de Brahma défend l'usage de la graisse de *vache;* celle de Mahomet, l'usage de la graisse de *porc*. Indous et mahométans étaient donc également mécontents.

(3) Du nom de Nicolas et de ses deux fils, Alexandre et Constantin.

Tentatives des puissances pour ouvrir au commerce le Japon et la Chine. — Ces tentatives, qui ont enfin réussi, ont été faites par la France, l'Angleterre, la Russie et les Etats-Unis. Le Japon a ouvert les ports de *Nangasaki, Osaka* et *Kanagawa,* aux Hollandais, à partir de 1854. Mais il a fallu user de contrainte à l'égard de la Chine, qui voulait bien *vendre* ses marchandises, mais refusait d'*acheter* les produits européens. Ce fut l'œuvre de la France et de l'Angleterre.

Guerre de Chine; expédition anglo-française (22 octobre 1860) :

CAUSES DE CETTE GUERRE : Le nouvel empereur refusant de reconnaître les traités conclus après la guerre de l'opium, martyrise les missionnaires français Vachal (1854) et Chapdelaine; enfin le vice-roi *Yeh* ferme *Canton* au commerce européen (1).

1re EXPÉDITION : Les Anglo-Français prennent Canton (29 octobre 1857), et vont dans le Peï-Ho, rivière de Pékin, dicter les traités de Tien-Tsin (juin 1858) : l'Amour était cédé à la Russie, le fleuve Bleu et les anciens ports ouverts au commerce.

2e EXPÉDITION : Lord Elgin et le baron Gros reviennent au bout d'un an, comme il était convenu, avec la ratification des traités. Le Peï-Ho leur est fermé; de là une nouvelle expédition, qui amène la prise de Pékin (22 octobre 1860) après la victoire de Grant et de Cousin-Montauban à Palikao. Les anciens ports sont définitivement rouverts, et des *consuls* admis à Pékin.

Un autre pays fermé, c'était l'Annam. La France avait des insultes à venger, elle se chargea de l'ouvrir.

Conquête de la Basse-Cochinchine par les Français (1858-62) (2) :

CAUSE : Insulte faite au vaisseau *le Catinat,* à Tourane (1856); martyre de missionnaires français (M. Chapdelaine) et espagnols (Mgr Diaz, 1857).

(1) Voir p. 112.
(2) Tout le haut Sénégal, la Nouvelle-Calédonie et la Cochinchine ont été occupés depuis 1851, et les deux sénatus-consultes du 3 mai 1854 et du 4 juillet 1866 ont réglé la constitution politique de nos colonies.— Le commerce colonial s'est élevé de 167 à 187 millions. Il y a des réseaux télégraphiques au Sénégal, à la Martinique et à la Guadeloupe.

L'amiral RIGAULT DE GENOUILLY prend Saïgon (février 1859).

— CHARNER prend Mytho (avril 1861).

— BONNARD prend Bien-Hoa (décembre 1861) et notre flotte, en bloquant la rivière de Hué, force l'empereur Tu-Duc à demander la paix.

RÉSULTATS : 1° Saïgon, Bien-Hoa, Mytho et les îles Poulo-Condor, colonies françaises.

2° Indemnité; ouverture de *trois ports* du Tonkin au commerce européen; tolérance religieuse.

— LA GRANDIÈRE s'empare, sans lutte, de trois autres provinces (1).

Conquête du Sénégal (1855-1860). Le colonel Faidherbe a soumis les tribus du Oualo, du Cayor, du Boudou, du Fouta et du Bambouk fanatisées par le prophète Al-Hadji, chef de Toucoulem, mort en 1864.

Nouveau système colonial. Liberté du commerce. Les colonies anglaises et françaises jouissent de la *liberté du commerce,* et l'esclavage y a été aboli, en 1832 par l'*Angleterre,* en 1848 par la *France,* en 1859 par la *Hollande.* Antérieurement à 1860 les colonies ne *pouvaient* commercer qu'avec la Métropole (*civiliser,* tel est le but actuel).

Le travail libre et le travail esclave. — Le travail libre *coûte moins* que le travail esclave, et les *coolies,* travailleurs libres, enrôlés pour cinq ans dans l'Inde et en Chine, sont plus actifs et plus intelligents que les nègres (2). Le travailleur libre a l'espoir d'améliorer sa position, il travaille davantage. Ainsi ne pensaient pas les planteurs du sud des États-Unis, et c'est ce qui amena une guerre entre eux et leurs frères du nord. Guerre terminée par le triomphe de ces derniers.

(1) Vinh-Long, Chau-Doc et Hatien.

(2) Il y a déjà 60,000 coolies ou *jaunes* à la Réunion seulement où les ouvriers blancs ne pourraient travailler à cause du climat.

GÉOGRAPHIE

COURTE RÉVISION

DES

NOTIONS GÉNÉRALES DE GÉOGRAPHIE

DES GRANDES DIVISIONS DU GLOBE.

La Terre : Boule fondue dont la surface s'est figée en *pierres à feu* (granit, quartz, etc.). Sur cette première écorce, les eaux ont empilé des couches feuilletées de *pierres qui ne font pas feu* (calcaires, etc.), et des nappes d'argile formée de la poussière de ces deux sortes de pierres.

Les deux mouvements de toupie penchée : La Terre suspendue dans l'espace, *sans appui*, comme un ballon, y décrit devant le soleil le double mouvement d'une toupie qui pivote et fait des ronds : de là les *jours* et les *années*; elle est penchée : de là les *saisons*; la lune tourne autour d'elle : de là les mois.

Lignes tracées sur les cartes : 1° Celles qui vont de *haut en bas* sont les *longitudes* ou *méridiens*. Il est midi sur tout leur parcours quand elles passent en face du soleil.

2° Celles qui vont de *droite à gauche* sont les *latitudes* ou *parallèles* : elles indiquent à quelle distance les lieux qu'elles parcourent se trouvent de l'Equateur, c'est-à-dire du pays où le soleil est à pic (au milieu du globe terrestre).

Divisions du globe : *cinq grandes terres* ou continents, et *cinq grandes mers* ou océans.

Les cinq océans : *Deux* océans glacials aux deux pôles; les *trois* autres, entre les continents.

§ I. **Description sommaire du Grand Océan** (Mer du Sud, Pacifique). — Encadré dans une vaste chaîne de montagnes qui le longe de Malacca à la Terre-de-Feu, le Grand Océan sépare l'Asie et l'Amérique, les tenant éloignées de *seize lieues à cinq mille lieues*. Du nord au sud, il mesure *trois mille lieues*. Sa plus grande profondeur connue est de *sept kilomètres*; mais il est hérissé de bas-fonds, d'îles et de rochers. *Son littoral asiatique gèle dès le* 50e *parallèle; son littoral américain ne gèle pas au-dessous du* 60e, à cause de la chaleur abandonnée dans l'air par la condensation des vapeurs que les vents d'ouest apportent de la mer pendant *dix mois*. Comme *toutes* les mers des tropiques, l'océan Pacifique est traversé par un *courant équatorial* qui suit la marche apparente du soleil. Ce courant d'eau chaude, poussé par les eaux froides et plus denses du pôle austral et par la rotation de la terre, se replie sur lui-même devant les côtes de l'Australie et du Japon, et revient de l'ouest à l'est frapper l'Amérique (Orégon), sous le nom de *courant noir du Japon*.

Principaux golfes et mers intérieures : Mer de *Chine*, mer *Jaune*, mer du *Japon*, mer d'*Okhotsk* et mer de *Béhring*, en Asie; mer *Vermeille* et golfe de *Panama*, en Amérique.

Lignes de navigation les plus suivies : 1° De *Panama* à tous les ports du littoral américain jusqu'à la *Colombie anglaise* au nord, et à *Valparaiso* au sud ; 2° de *San-Francisco* (Etats-Unis) à *Canton* (Chine); 3° de *Valparaiso* (Chili) à *Sidney* (Australie).

§ II. **Description sommaire de l'océan Atlantique :** Grande vallée sinueuse de *trois mille lieues de long sur quinze cents de large*, entre l'Amérique, l'Afrique et l'Europe. — *Quatorze kilomètres* de profondeur à 20° au large de Montevideo, et plus encore entre les Bermudes et Terre-Neuve; *plateau sous-marin* entre l'Irlande et Terre-Neuve. — Son COURANT ÉQUATORIAL va du *cap Vert* (Sénégambie) au cap *San-Roque* (Brésil) : de là il court au fond du golfe du Mexique. Il en sort par le canal de Bahama, sous le nom de GULF-STREAM (courant du golfe), se recourbe devant le banc de Terre-Neuve et le courant polaire, et va se bifurquer sur les Açores, d'où il coule partie au nord, partie au sud. « Le Gulf-Stream, véritable fleuve au sein de l'Océan, a une profondeur de mille pieds, une largeur de 14 lieues, une vitesse de 8 kilomètres à l'heure. Un de ses bras entoure les îles Britanniques et y attiédit la température; une seconde branche fond les glaces de l'Islande et de la Norvége; la troisième pénètre dans la Manche et son action bienfaisante adoucit le climat hivernal de notre pays. »

Au centre de l'immense circuit que forme le *grand courant Atlantique* est la MER DES SARGASSES, ou *mer herbeuse*, ou *mer de varech*. C'est un bassin renfermant une énorme quantité de végétaux accumulés que le courant, après les avoir arrachés au rivage, a rejetés dans cette région. La mer des Sargasses s'étend entre 17°-38° latitude nord, et 30°-84° longitude ouest. Elle a 30,000 kilomètres de pourtour.

Le littoral européen de l'Atlantique *ne gèle jamais jusqu'au golfe de Varanger, au* 70° *de latitude, tandis que le littoral américain gèle* dès le 45° *et la Baltique* dès le 55°, phénomène dû, avons-nous dit, à la *condensation des vapeurs* venues du large et aux eaux chaudes du Grand-Courant du golfe du Mexique.

Principaux golfes et mers intérieures : Du côté de l'Amérique : *Estuaires de la Plata et de l'Amazone*, mer des *Antilles*, golfe du *Mexique*, baie de *Fundy*, golfe *Saint-Laurent*, mer d'*Hudson* ; — du côté de l'Europe : mer du *Nord* (160 mètres de profondeur au plus), mer *Baltique* 200 mètres au plus), *Manche* (160 mètres au plus), *Méditerranée*, longue de 800 *lieues* (jusqu'aux Dardanelles), large de 250 lieues au plus et de 30 au moins. Sa profondeur atteint 4 kilomètres.

Lignes de navigation les plus suivies : 1° Transatlantique du *Nord* de la France dans l'Amérique du *Nord* (du Havre à New-York);

2° Transatlantique *central*, dans l'Amérique *centrale* (Saint-Nazaire à Colon-Aspinwall, par Fort-de-France et Sainte-Marthe, et un autre à Vera-Cruz, par Saint-Thomas et la Havane (1).

3° Transatlantique *sud*, dans l'Amérique du *Sud* (Bordeaux à Rio-Janeiro et Montevideo, par Lisbonne, Saint-Vincent, Pernambouc, Bahia.

Ajoutons qu'un service de paquebots est établi entre *Liverpool*

(1) A *Panama*, correspondance pour Victoria (Vancouver)(par Acapulco et San-Francisco, et pour Valparaiso par Guayaquil, Callao, etc.

et les trois ports que nous venons de nommer (à New-York, Aspinwall et Montevideo).

4° *Lignes de Southampton et Liverpool au Cap* par la voie du large, la plus favorable, ou par la voie côtière.

5° De *Marseille* à tous les ports de la Méditerranée (Europe et Afrique) et au Danube, à la *Réunion* et au *Japon* par Suez.

§ III. **Description de la mer des Indes** : Comprise entre l'Afrique, l'Australie et l'Asie, elle a 2,000 l. de l'ouest à l'est, et 1500 du nord au sud. Elle a sa *mer des Sargasses* et son *courant équatorial.* Ce courant reçoit son impulsion des eaux froides attirées du pôle *austral,* et qui se dirigent, comme tous les courants froids de ce pôle, vers le point le plus oriental, c'est-à-dire *le plus tôt échauffé* et dilaté. Des *moussons* y soufflent des côtes de l'Inde à celles du Mozambique, et *réciproquement*, suivant que le soleil est dans l'hémisphère nord ou sud. Elles sont causées par l'échauffement des sables et de l'air adjacent qui s'élève en faisant place à l'air plus froid du nord-est ou du sud-ouest.

Principaux golfes et mers intérieures : L'océan Indien a creusé les deux golfes d'*Oman* et du *Bengale*, la *mer Rouge*, longue de 650 lieues de large de 60 au plus, et le golfe *Persique* qui mesure 220 lieues sur 120.

Lignes de navigation les plus suivies : 1° *De Suez* à *la Réunion,* à Calcutta et à Singapour (et de là à Yédo), avec relâche aux îles du parcours. 2° *Du Cap* à Calcutta, continuation de la ligne de Southampton; avec relâche aux îles du parcours.

Les cinq parties du monde, population, races : Ce sont l'Europe, l'Asie, l'Afrique, l'Amérique et l'Océanie, peuplées *de un milliard d'habitants, blancs, jaunes, cuivrés, noirs*. La terre pourrait en nourrir 12 milliards.

ASIE (1)

Situation : L'Asie est située à l'est de l'Europe et de l'Afrique, dont la séparent le fleuve *Kara,* les monts et le fleuve *Ourals*, la *Caspienne*, le *Caucase,* la *mer Noire*, la *Méditerranée,* la *mer Rouge*. Elle est baignée de tous les autres côtés par *trois océans* : l'océan Glacial au nord, l'océan Indien au sud, et l'océan Pacifique, qui leur est joint par les deux détroits de Behring, large de 14 lieues, et de Malacca, large de 8 lieues.

Étendue : Cinq fois plus grande que l'Europe : 8,000 kilomètres du cap Sacré au cap Romania, 12,000 du détroit de Behring à celui de Bab-el-Mandeb, et 43 millions de kilomètres carrés.

Configuration : Au centre s'élève un *vaste plateau* entouré par les *monts Altaï* au nord, les monts *Neigeux* à l'est, l'*Himalaya* (8,800 mètres) au sud, les *monts Bolor* à l'ouest, Ce plateau se relie aux montagnes des quatre autres parties du monde par quatre chaînes secondaires :

1° A l'Amérique, par les Stanovoï, rompus par le détroit de Behring pour se relever au delà et courir jusqu'au cap Horn.

2° A l'Océanie, par les monts de Siam, continués par les îles de la Sonde.

3° A l'Afrique, par les monts du Khorassan, du Liban, qui vont par Suez se rattacher à la chaîne arabique.

4° A l'Europe, par les Alguidim, qui courent de l'Altaï à l'Oural.

Plus de *cent vingt* volcans sortent des montagnes d'Asie.

Cinq caps : Septentrional, Oriental, Romania, Comorin et Raz-el-Gat.

Les quatre talus du plateau (entre les quatre chaînes de jonction) sont sillonnés par douze grands fleuves, dont *trois* descendent dans la *mer Glaciale* : l'*Obi* (950 lieues), l'*Iénisséï* (950 l.), la *Léna* (900 l.) ;

(1) Nous parlerons de l'Europe et de la France en dernier lieu.

Quatre descendent dans le grand Océan : l'*Amour* ou *Saghalien-Oula* (950 l.), le *Hoang-ho* ou fleuve *Jaune* (1,800 l.), le *Kiang-Ho* ou fleuve *Bleu* (1,100 l.), le *Cambodge* (900 l.).

Trois dans l'océan Indien : l'*Iraouaddy* (450 l.), le *Gange* (500 l.), l'*Indus* ou Sind (700 l.).

Deux dans la mer d'Aral (lac *Oxus*) ; *Amou-Daria* (ancien *Yaxartes*) (400 l.), *Syr-Daria* (ancien *Oxus*) (950 l.).

Population et races : 600 millions d'habitants de race *jaune ou mongolique* en Chine, Sibérie, Indo-Chine et Japon ; de race blanche partout ailleurs.

Religion : *Mahométisme,* en deçà de l'Indus ; *brahmanisme,* entre l'Indus et le Gange ; *bouddhisme,* sur le plateau et dans tout le versant du grand Océan ; *Chamanisme,* en Sibérie ; *Missions chrétiennes* partout.

Régions de l'Asie : *six* sur le plateau central et ses talus ; *quatre* en deçà de l'Indus ou Sind.

Les six régions du plateau et des versants sont :

§ I. — Chine (avec Formose et Hainan), 400 millions d'habitants.

La Chine comprend le grand plateau et son versant oriental.

Principales villes : Pékin, capitale (2 millions) ; *Fou-Tchéou,* près Shang-haï.

Villes ouvertes aux étrangers : *Canton* (1 million), *Nankin* et *Han-kéou* sur le Kiang ; *Amoy* (250) et *Fou-tchéou* (600), sur le canal de Formose ; *Ning-po* (500) et *Shang-haï* (1 million), à l'entrée du canal impérial et du Kiang ; *Tien-tsin* (500), port de Pékin sur le Peï-ho ; *Maïmatchin,* entrepôt de commerce avec la Sibérie.

Productions : riz, thé, coton, soie ; porcs, volaille et poisson ; arbres à cire, à suif et à vernis.

§ II. — Japon (36 millions d'habitants).

Grandes divisions. Le Japon, groupe d'îles situées au nord-ouest de la Chine. Ce sont : Niphon, Kiou-Siou, Yéso et Sikokf.

Principales villes : Yédo (2 millions), capitale, et son port *Yokohama*. MYAKO ou *Kioto*, ancienne capitale (1 million d'âmes), et son port *Osaka* (800). — *Nangasaki* (Kiou-Siou). Tous *ces ports* sont ouverts aux Européens.

Productions : riz, thé, soie.

§ III. — **Indo-Chine** (36 millions d'habitants).

Entre le Brahmapouter, le golfe de Bengale et le Grand Océan. Elle comprend quatre Etats indigènes et les possessions Anglaises et Françaises (Voir page 117).

1° Royaume d'Annam, entre la mer et le fleuve Cambodge (au-dessus du Delta).

Villes : *Hué*, capitale, et *Tourane*.

2° Royaume de Cambodge, entre le fleuve Cambodge et les monts Moggs (la grande courbe du fleuve).

Ville : *Oudong*, capitale (sous le protectorat de la France).

3° Royaume de Siam (vallée du Meïnam), entre les Moggs et les monts de Siam.

Villes principales : *Bankok* et *Siam*.

4° Empire Birman, isolé de la mer, sur l'Iraouaddy.

Ville : *Ava*, capitale (50), accessible à la navigation.

Productions de l'Indo-chine : riz, canne à sucre, poivre, indigo, camphrier, gutta-percha, forêts de bois de teck, thé, bambous et étain.

§ IV. — **Inde** (150 millions d'habitants).

Versant de l'Himalaya et immense V qui s'enfonce dans la mer sous le nom de Dekhan.

Villes importantes : *Calcutta* (1 million d'hab.), résidence du gouverneur général ; *Madras* (600) ; *Bombay* (800). — Près du Gange, *Agra* (70), *Bénarès* (300) ; *Patna* (300) ; — *Kurrachee* (30) aux bouches du Sind ; *Lahore* (100) ; — *Pointe-de-Galles* (Ceylan).

Productions de l'Inde : riz, opium, coton, laine, indigo, bois et métaux de toute sorte ; pierres précieuses.

§ V. — **Turkestan** (10 millions d'hab.).

Situé entre les monts du Khorassan, Bolor, Alguidim et la Caspienne, versant ouest du plateau (1).

Villes : *Bouckara* (70), *Khokand* (100), *Khiva* (10).

Productions : troupeaux nomades.

§ VI. — **Sibérie,** carré long, incliné vers l'océan Glacial. C'est le talus nord du plateau central.

Villes importantes : *Tobolsk*(20) (2), capitale ; *Kiatcha,* près du lac Baïkal, entrepôt du commerce chinois, et les *quatre ports de Petro-Paulowsk, Nicolaïef, Alexandrowsk* et *Constantinowsk,* du nom de Pierre, de Nicolas et de ses deux fils, sur le Grand Océan.

Productions : mines d'or, d'argent et de cuivre; fourrures.

Les *quatre* régions en deçà du Sind (Asie des anciens) sont :

§ I. — **Plateau d'Iran** (10 millions d'habitants).

Ce plateau encadré dans un trapèze de montagnes, entre le *Sind* et le *Tigre,* renferme quatre régions :

1° Perse.

Partie occidentale du plateau compris entre le golfe Persique et la Caspienne.

Principales villes : TÉHÉRAN, capitale (150) ; *Schiraz* (30) ; et entre elles : *Ispahan* (60). — *Tebriz* (Tauris) (160), à l'angle occidental, près du lac Ourmiah. — Citons aussi les *trois ports :* de *Recht* (60), sur la Caspienne ; de *Bender-Abassi* (20) et de *Bender-Bouchir* (25).

2° Hérat.

Situé sur les deux pentes des monts du Khorassan.

Ville : HÉRAT, anc. Aria (100).

3° Afghanistan.

Dans les *vallées de l'Helmend* (*Elymander*) *et du Caboul.*

(1) C'est de là que sont partis les premiers hommes : du plateau de Pamir. L'Arche s'arrêta sur le Mérou, nœud de l'Indo Koush et du Bolor.

(2) Tobolsk fut le premier établissement russe, en 1587.

Principales villes : KANDAHAR (anc. *Alexandrie*), capitale (100), *Caboul* (60).

4° Béloutchistan (Gédrosa), ville principale *Kélat* (1).

Productions : coton, soie, laine, huiles, safran, rhubarbe.

§ II. — **Turquie d'Asie** (15 millions d'habit.).

Elle est située entre deux lignes fictives menées du golfe Persique au golfe de Suez, et au fond de la mer Noire. Une chaîne détachée du Caucase court jusqu'à Jérusalem. A ce vaste pays se rattachent les îles de CHYPRE, RHODES, SAMOS, CHIO, MÉTÉLIN, et les SPORADES.

Principales villes : Sur la côte : 1° *Les villes de Trébizonde* (50), *Smyrne* (150) ; *Alep* (100) ; *Beyrouth* (15), port de *Damas* (200) ; de *Jaffa* (5), port de Jérusalem (20).

2° A l'intérieur : *Mossoul* (60) et *Bagdad* (100), sur le Tigre ; *Erzeroum* (60) et *Hillah* (Babylone), sur l'Euphrate ; *Bassorah* (60), sur le Chat-el-Arab.

Productions : olives, coton, laine, soie ; vins de Ténédos, et Chypre ; éponges, etc.

§ III. — **Arabie** (10 millions d'habitants).

Arabie, plateau bordé de collines entre le golfe Persique, la mer Rouge et l'océan Indien.

Villes : *la Mecque* (50), *Médine* (50), et leur port *Djeddah* (29), *Moka* (10), *Mascate* (60).

Productions : café, dattes et aromates, perles, dromadaires, chevaux.

§ IV. — **Caucasie** (pente du Caucase jusqu'à l'Aras).

Principale ville : *Tiflis* (50), chef-lieu, sur le Kour, devant le défilé de Dariel.

Productions : *pétrole.*

(1) Sept cantons confédérés dont le grand chef est à Kélat.

AFRIQUE

Géographie physique de l'Afrique : immense presqu'île formant avec l'Europe le rivage oriental de l'Atlantique.

TROIS GRANDES MERS : Méditerranée, qui la sépare de l'Europe ; océan Indien, qui la sépare de l'Asie et de l'Australie ; Atlantique, qui la sépare de l'Amérique.

TROIS CHAÎNES DE MONTAGNES, le long des trois mers : 1° *Atlas* (4,000 mètres) ; 2° *Lupata* et *Nieuveldt* ; 3° monts du *Congo* ou de *Kong*.

Six caps aux deux bouts de ces 3 chaînes : *Bon* et *Noun*, *Guardafui* et *Bonne-Espérance*, *Vert* et *Nègre*.

Vingt volcans et solfatares sur le continent et dans les îles.

* TROIS VERSANTS MARITIMES et une *région intérieure* sans écoulement.

SEPT LACS ET SEPT FLEUVES PRINCIPAUX : Le *Nil*, canal d'écoulement des *trois lacs Dembéa* ou *Tsana*, *Victoria* et *Albert* ; le *Zambèze*, déversoir des *trois lacs Maravi*, *Schirwa* et *Ngami* (1) ; l'*Orange*, le *Congo*, le *Niger*, la *Gambie* et le *Sénégal*.

Région de l'Atlas.

TROIS ZONES NATURELLES (longitudinales) : *Sahara algérien*, au delà du grand Atlas ; — *plateaux*, entre le grand et le moyen Atlas ; — *le Tell*, entre le moyen Atlas et la mer.

Le Sahara : Région de steppes et de plateaux de 5,000 kilomètres de long et de 2,000 de large, entre l'Atlantique et le bassin du Nil, au-dessous de Kartoum.

TROIS PEUPLES DANS LE SAHARA : les *Maures* ou Trarzas, à l'ouest, les *Touaregs* au centre, les *Tibbous* à l'est.

TROIS OASIS ET TROIS ROUTES PRINCIPALES : Agably, Agadès et Bilma.

Le Nil est un fleuve de 1200 lieues (2), dont la navigation est interrompue par *six cataractes*, et que les bateaux à va-

(1) Au centre de l'Afrique sont les lacs Tchad et Tanganyka.
(2) C'est, avec l'Amazone et le Mississipi, le plus grand fleuve du monde.

peur ne remontent que jusqu'à Louqsor. Il baigne 600 lieues de possessions égyptiennes. Venu des monts *Kilimandjaro*, au sud de l'équateur, à travers les lacs *Victoria* (Nyanza) et *Albert* (Nzigé), il reçoit *trois affluents* : le *Nil bleu* et l'*Atborach* (à droite), le *Keilak* (à gauche), et il entre dans la mer par les *deux bouches principales de Damiette* et *de Rosette*. Deux canaux le relient à Suez et à Alexandrie.

De juillet à septembre les pluies tropicales le font grossir et déborder.

Des États baignés par le Nil et ses affluents :

PAR LE NIL proprement dit : 1° *Nègres et Gallas* (Haut Nil); 2° Petits Etats de *Khartoum* ou Halfay, de *Chendy*, de *Dongolah* et de *Derr* (Nubie); 3° *Egypte* (250 lieues de long), subdivisée en *sept gouvernements*. Villes principales : *Le Caire*, capitale (350), *Alexandrie* (300), *Port-Saïd*, *Suez* et *Ismaïlia*, aux deux bouts et au centre du canal de Suez, qui a 37 lieues de long sur 56 mètres de large.

PAR LE NIL BLEU ET L'ATBORAH : les trois petits Etats abyssins : de *Tigré*, capital Adouah ; de *Gondar* et *Choa*, capitale Ankober, et de Sennaar, Etat nubien.

PAR LE KEILAH (soudan) : le *Darfour*, capitale Kobbé ; le *Kordofan*, capital Obéid.

Le Sénégal : Fleuve de 450 lieues, dont 300 navigables, malgré les bancs de sable et la barre de l'embouchure. Il sort de la pente occidentale des monts de Kong. Comme le Nil, il déborde de juillet à septembre. Il arrose les petits Etats des *Mandingues* et des *Foulahs*, musulmans pasteurs et cultivateurs, et ceux des *Yolofs*, pêcheurs ; de *Bambouck* (mines d'or), exploré en 1858 (1).

Le Niger : Fleuve de 1,000 lieues de long, dont 250 navigables, sort de la pente orientale des monts de Kong, à 20 lieues du Sénégal. Il baigne quatre Etats principaux : le *Bambarah*, capital Ségo ; le *Tombouctou*, capitale Tombouctou (15), dont le port est Kabra ; l'*empire des Fellatahs* ou *Poûlos*, *au centre*, et dont la ville principale est Sackatou (20) ; la *Funda* sur la Tchadda, capitale Funda ; le *Bénin*, qui occupe tout le Delta, capitale Bénin.

(1) Le Falénée, affluent du Sénégal, a été exploré en 1856 par le commandant Morel ; les monts Fouta par le lieutenant Lambert, et 200 lieues des rives du fleuve ont été mises en culture.

Géographie politique de l'Afrique : La partie centrale de l'Afrique est à peu près inconnue. Il est donc impossible d'assigner à ce pays des divisions politiques certaines.

On peut toutefois diviser l'Afrique en *vingt-quatre* régions, outre les *huit étapes* ou *stations* que forment les îles échelonnées entre l'Europe et l'Inde. (*Açores*, *Madères*, *Canaries*, *Cap-Vert*, *Ascension*, *Sainte-Hélène*, *Mascareignes et Seychelles.*)

Huit régions sur la pente de la Méditerranée.

Huit régions sur la pente de l'Atlantique :

Huit régions sur l'océan Indien et à l'intérieur.

En voici le tableau :

VERSANT DE LA MÉDITERRANÉE.	VERSANT DE L'ATLANTIQUE.	INTÉRIEUR ET MADAGASCAR.
Soudan oriental, Abyssinie, Nubie, Egypte, } baignés par le Nil. Tripoli, Tunisie, Algérie, Maroc.	Sahara occidental. Sénégambie. Guinée (entre les caps Verga et Lopez). Soudan occidental. Congo (entre les caps Lopez et Negro. Cimbébasie. Région de l'Orange (Hottentots et Boers, 100,000 hab.). La colonie du Cap (500,000 hab.).	Cafrerie, Mozambique, Zanguebar, Ajan, } océan Indien Sahara central, Soudan central, Plateau central, } intérieur. Madagascar.

(150,000,000 d'habit. de race *blanche*, *bronzée* et *noire* ; sauvages au-dessous du Soudan, et 29 millions de kilom. carr.).

Religion : fétichisme (nègres) ; mahométisme (nord-ouest) ; christianisme corrompu (Egyp. et Abyss.).

Productions : Coton, sucre, laines, huiles (de coco, de sésame et d'arachides), gommes, plumes d'autruches, ivoire, bois de toute sorte, etc.

AMÉRIQUE

Géographie physique de l'Amérique du Nord : Cette vaste région est baignée par *trois océans :*

1° Océan Pacifique, entre l'Amérique et l'Asie. Il forme les *deux presqu'iles* d'Alaska et de Californie.

2° Océan Atlantique, entre l'Amérique et l'Europe. Il est rattaché par *quatre détroits* (Hudson, Belle-Ile, Floride, Passe-du-Vent, à *quatre golfes ou mer secondaires* (Hudson (1), Saint-Laurent, golfe du Mexique, mer des Antilles), et forme les *quatre presqu'iles* du Labrador, de la Nouvelle-Ecosse, de Floride et d'Yucatan.

3° Océan Glacial. Il est joint aux deux autres océans et à la mer *sans glaces* de Kane, par les *quatre détroits* de Behring, de Davis, de Smith et de Kennedy, et forme les *deux presqu'iles* de Melville et de Boothia. Dans cette dernière on place le *pôle magnétique.*

Montagnes : *Trois chaines parallèles* rattachées par les collines transversales du Missouri : 1° la *double chaine des Alleghanys et des montagnes bleues,* à l'ouest ; 2° les monts *Rocheux,* au centre (5 kilomètres d'altitude), prolongement des Stanovoï d'Asie ; 3° les *monts aurifères de la Californie,* longeant le Pacifique du fond de la presqu'île de Californie au détroit Juan. A leurs extrémités, cinq caps : Can et Sable, Occidental, San-Lucas et Flattery.

Plus de *deux cents volcans* et solfatares dans les deux Amériques : *Saint-Elie* et *Popocatepelt* (Amérique du Nord).

Fleuves et lacs : Le *Mackenzie* (300 l.) porte à l'*océan Glacial* l'eau des *trois lacs Athabasca,* de l'*Esclave* et du *Grand-Ours* ; le *lac Winnipeg* écoule ses eaux par le Nelson. Les *cinq grands lacs* (*Supérieur, Michigan, Huron, Erié* et *Ontario*), après les deux chutes de Sainte-Marie et du Niagara, se déversent par le *Saint-Laurent* (250 lieues) dans l'Atlantique. Cet océan reçoit encore le *Mississipi* (1,300 l. de cours), grossi du *Missouri* (800 lieues de cours). Au *Pacifique* n'affluent que des cours d'eau secondaires, à cause

(1) La baie d'Hudson étant au-dessous du *Cercle polaire*, fait partie de l'Atlantique.

du voisinage des montagnes : *Orégon* (400 l.), *Colorado* (300 l.), *Sacramento*.

Isthmes : *Quatre isthmes principaux* dans l'Amérique Centrale aux endroits où le golfe du Mexique et l'océan Pacifique se rapprochent le plus : de *Téhuantépec*, de *Honduras*, de *Mosquitos* et de *Panama*.

Races et religion : 6 millions de *peaux-rouges* ou *cuivrés*; 5 millions de Nègres africains; le reste de race blanche européenne; *protestants* de toutes sectes aux *Etats-Unis*, *catholiques* ailleurs.

États et Confédérations (tous en République).

Tous les États et les *deux Confédérations d'États* (Nouvelle-Bretagne et Etats-Unis) sont compris dans les *six régions suivantes :*

Nouvelle-Bretagne,	4,000,000	Mexique,	8,000,000
Groënland,	20,000	Amérique centrale,	3,000,000
Etats-Unis,	35,000,000	Antillles,	4,000,000

1° **Nouvelle-Bretagne** (avec Terre-Neuve).

La Nouvelle-Bretagne comprend la Nouvelle-Ecosse et tous les pays au nord des cinq grands lacs et d'une ligne menée du lac supérieur à l'embouchure du Frazer.

Grandes villes : *Ottawa* (25), cap. de la Confédération; *Halifax* (50), port accessible *en toutes saisons; Montréal* (120); *Québec* (60); *Toronto* (80). — *Fort-York* (Hudson); *New-Westminster* (Colombie).

Produits : Fourrures, pétrole, bétails, bois, cuivre, or, etc.

2° **Groënland** (avec Islande et Jean Mayen).

Grande île, triangulaire (1) dont la pointe méridionale est formée par le cap Farewell, et les côtés par la mer de Baffin, l'Atlantique (et la mer sans glace de Kane?).

Villes : *Julianeshaad*, *Christianshaad* et *Upernawick*; *Nouvelle-Hernhutt* (celle-ci aux frères moraves).

Produits : Pêche.

(1) 1 million de kilomètres.

3° États-Unis.

AUX ÉTATS-UNIS SE RATTACHENT LES ILES KODIAH, DU ROI-GEORGES, DU PRINCE-DE-GALLES. DIVISIONS NATURELLES : *Cinq grandes régions* : 1° pente de l'Atlantique, c.-à-d. des Alleghanys à la mer; 2° bassin du Mississipi, entre les Alleghanys et les Monts Rocheux; 3° pente du Pacifique à l'ouest des Monts Rocheux ; 4° pente des cinq grands lacs ; 5° Amérique Russe achetée en 1867.

Grandes villes : Capitale, *Washington* (70), sur le Potomac. — Sur l'Atlantique (du nord au sud) : *Portland* (25), *Boston* (250), *New-York* et son arsenal *Brooklyn*, dans l'île Longue (1,200,000), *Philadelphie* (600), *Baltimore* (200), *Charlestown* (60), *Mobile* (30), *Nouvelle-Orléans* (180). — *San-Francisco* (100), sur le Pacifique, *Nouvelle-Arkhangelsk* (arch. du Roi-Georges). — Sur les lacs : *Buffalo* (100), *Détroit* (100), *Chicago* (180). — Sur les fleuves : *Saint-Louis* (200), *Louisville* (80), *Cincinnati* (200).

Produits : Coton, céréales, bétail, bois, pétrole, or de la Californie, etc.

Gouvernement : Chaque État forme une république ayant deux chambres et un président électifs statuant sur les affaires *locales*. A Washington réside un président *commun* aux divers Etats, élu pour quatre ans et payé 128,000 fr.; il est assisté d'un CONGRÈS qui se compose du *sénat* (2 sénateurs par Etat) et de la *chambre des députés*, élus au *suffrage universel*. Les territoires sont administrés par des *gouverneurs* non électifs.

4° Le Mexique.

Le Mexique est *un plateau* bordé par la *Sierra de Potosi* à l'est, et par la *Sierra de Sonora* à l'ouest, et traversé par les Montagnes Rocheuses.

Grandes villes : Sur le plateau : MEXICO, capitale (200), *Guadalaxara* (80), *Puebla* (60). Dans le voisinage des deux mers, sur les pentes du plateau : *Vera-Cruz* et *Campêche* (golfe du Mexique) ; — *Acapulco* (4,000 h.) rade magnifique.

Productions : 400,000 kilos d'argent, cacao, coton, cochenille, etc.

5° Amérique centrale :

Entre le Mexique et les *deux océans*, jusqu'au fond du golfe de Mosquitos.

CINQ RÉPUBLIQUES INDÉPENDANTES, dont *trois* touchent aux deux mers. — 1° LE GUATEMALA, capitale *Guatemala* (40).

2° et 3° HONDURAS, cap. *Comayagua* (10), et SAN-SALVADOR, cap. *San-Salvador* (20), sur les deux pentes des Monts Rocheux, côte à côte.

4° NICARAGUA, cap. *Managua* (10), port : Gray-Town.

5° COSTA-RICA, cap. *San-José* (20).

Produits : Cacao, acajou, bois de campêche, etc.

6° Les Antilles.

Quatre groupes d'Antilles : Les *Grandes Antilles* et les *Petites Antilles*, prolongement de la chaîne d'Yucatan ; les *Lucayes ou Bahama*, au nord ; les *Iles-sous-le-Vent*, des bouches de l'Orénoque au golfe de Maracaïbo (Colombie).

1° GRANDES ANTILLES, au nombre de quatre, dont une en dehors de la chaîne, la JAMAÏQUE (70 lieues sur 20), capitale *Kingston* (40). Les trois autres sont situées sur une même ligne. CUBA (250 l. sur 20), cap. *La Havane* (200); HAITI (150 l. sur 50), cap. *Saint-Domingue* (10), ville principale *Port-au-Prince* (20) ; PORTO-RICO (40 l. sur 20), cap. *Porto-Rico*.

2° PETITES ANTILLES (formant un arc de cercle entre les bouches de l'Orénoque et Porto-Rico).

AMÉRIQUE DU SUD

L'Amérique du Sud a la forme d'un vaste triangle dont les *trois côtés* sont bornés par l'Atlantique et le Grand Océan, ayant aux *trois angles* les caps *Gallinas* au nord, *San-Roque* à l'est, et le cap *Froward* au sud (le cap *Horn* est dans une île). Ce triangle encadre les trois grands bassins de l'Orénoque, de l'Amazone et de la Plata.

1° **Océan Atlantique :** Il sépare l'Amérique du Sud de l'Afrique. *Quatre golfes ou estuaires : Maracaïbo, Amazone, la Plata, Saint-Georges.* — *Une presqu'île : Saint-Joseph* (Patagonie). — *Deux détroits : Magellan* et *Lemaire* (entre la Terre-de-Feu, la Terre-des-Etats et la Patagonie).

2° **Océan Pacifique :** Entre l'Amérique du Sud, l'Australie et la Malaisie. *Deux golfes : Panama* et *Guayaquil. Une presqu'île,* celle *des Trois-Montagnes* (Patagonie).

Montagnes : *Trois chaînes principales.* 1° Les Andes, qui continuent les Monts Rocheux, de Panama au cap Froward (7,900 mètres d'altitude).

2° La chaîne transversale des versants (Sierra dos Vertentes). Elle se détache du milieu des Andes (20°), et court à l'est en festonnant jusqu'au cap San-Roque.

3° La chaîne du Brésil. Elle longe l'Atlantique entre les embouchures de la Plata et du San-Francisco.

Fleuves : Pas de fleuves sur l'étroit versant du Pacifique ; *trois principaux* sur celui de l'*Atlantique.* 1° L'Orénoque : après 600 lieues de cours il entre dans la mer par 50 bouches, dont 7 sont navigables, pour les plus gros navires. D'avril en septembre, il déborde jusqu'à 30 lieues de ses rives.

2° L'Amazone : Il sort du lac Lauricocha, au nord de Lima (10°), sous le nom de *Tunguragua,* et continue son cours (qui n'a pas moins de 1,200 lieues) sous le nom de Maranon, puis d'*Amazone,* et s'embouche sous l'Equateur. Il reçoit à gauche le Rio Negro (300 lieues), relié par le canal naturel de *Cassiquiare* à l'Orénoque, et la *Madeira* (450 l.), qui le rapproche de la Plata par le *Pilcomayo.*

3° La Plata, formée du *Parana* (700 l.), de l'*Uruguay* (200 l.), et du *Paraguay* (400 l.), où s'écoule le *Pilcomayo* (350 l.).

Lacs : *Titicaca,* dans les Andes (70 l. sur 50), *Maracaibo* (38 l. sur 40), *Los Patos,* près de l'Atlantique.

Races : cuivrée en majorité ; race blanche ; race nègre d'Afrique.

États et Confédérations : dix régions.

1.	Colombie,	6,000,000	6.	Chili,	2,000,000
2.	Guyane,	200,000	7.	Confédération argentine,	2,000,000
3.	Brésil,	8,000,000	8.	Paraguay,	1,000,000
4.	Pérou,	2,000,000	9.	Uruguay,	200,000
5.	Bolivie (Haut-Pérou),	2,000,000	10.	Patagonie,	100,000

N. B. Tous ces Etats sont en république, excepté le Brésil.

1° Colombie.

Située entre la mer des Antilles et le Pacifique, du golfe de Panama au golfe de Guayaquil. *Trois républiques indépendantes :* Nouvelle-Grenade, Vénézuela et Equateur.

1° NOUVELLE-GRENADE.

Capitale : *Bogota* (50), près de la Magdalena.

Aspinwall ou *Colon* (10), port de destination des paquebots de Saint-Nazaire et de Southampton qui relâchent à Carthagène (30) et à Sainte-Marthe (10), de chaque côté de la Magdalena. — Sur le Pacifique : *Panama,* jointe à Aspinwall par un chemin de fer.

2° VÉNÉZUÉLA (Petite Venise). Cet Etat comprend de vastes LLANOS ou plaines désertes.

Caracas, capitale, et *la Guayra,* son port (60) ; — *Maracaïbo* (20) ; — *Bolivar* ou *Angostura,* sur l'Orénoque (10).

3° RÉPUBLIQUE DE L'EQUATEUR, avec les îles Gallapagos. — Angle entre le Maranon et son affluent la Caqueta. Llanos inhabités jusqu'aux Andes.

Quito, capitale (80), dans le triangle formé par les volcans de Cayambé, Antisana et Pichincha ; et le port de *Guayaquil* (25).

Produits : cacao, café, canne, bois.

2° Guyane.

Grande savane entre l'Essequibo et les monts de la Parime, le long de l'Atlantique. Elle appartient aux Français, aux Hollandais et aux Anglais.

1° GUYANE FRANÇAISE, des monts de la Parime au fleuve Maroni : capitale *Cayenne* (10) dans une île.

2° GUYANE HOLLANDAISE, du Maroni au Corentin : cap *Paramaribo* (20).

3° GUYANE ANGLAISE, entre Maroni et Essequibo : cap *George-Town* ou *Stabrock* (15).

Gouvernement direct de la métropole pour les Guyanes française et hollandaise ; *parlement colonial* pour la Guyane anglaise.

3° **Brésil.**

Ce pays comprend le littoral entre les monts de la Parime et le canal d'écoulement du lac los Patos, et presque tout le bassin de l'Amazone.

Principales villes : Les ports de *Rio-Janeiro,* capitale (350), de *Bahia* (200), de *Pernambouc* (100), escales Transatlantiques ; de *Saint-Laurent-de-Maranho* (30), de *Para* ou *Belem* (30), de *Barro-de-Rio-Negro* et de *Macapa,* sur l'Amazone (1).

Produits : bois de toute sorte, caoutchouc, coton, maïs, cacao.

4° **Pérou** (AVEC LES CHINCHAS, OU ÎLES A GUANO).

Plateau formé par les Andes, et ses deux talus avec le littoral, du golfe Guayaquil au 20e parallèle.

Principales villes : *Lima,* capitale (150), et son port le *Callao* ; *Arica* (20), devant un col des Andes, port commun à la Bolivie et au Pérou ; *Arequipa* (40), et *Cuzco* (50), dans l'intérieur.

Produits : quinquina, guano et salpêtre.

5° **Bolivie** (HAUT PÉROU).

Triangle dont le confluent du Beni et du Guapore est le sommet, le tropique, la base.

Principales villes : *La Plata* (Chuquisaca ou Sucre), capitale (20), *La Paz* (40), et le port de *Cobija,* en face du col de *Calamas.*

Produits : or, argent, cuivre.

6° **Chili** (AVEC LES ÎLES JUAN-FERNANDEZ, CHILOÉ, MÈRE-DE-DIEU).

Entre le tropique, l'île Chiloé, les Andes et la mer.

Principales villes : *Santiago,* capitale (100), et les ports

(1) L'Amazone est ouvert au commerce étranger, depuis septembre 1867.

de *Valparaiso* (50), Coquimbo (20), Conception (10), Valdivia (3), et Saint-Charles (de Chiloé).

Produits : cuivre en abondance, laines et céréales.

7° Confédération argentine (États-Unis de la Plata).

Entre les Andes, le Rio-Negro, l'Atlantique, les fleuves Uruguay et Paraguay, et le tropique (Pampas et Llanos).

Produits : viandes et cuirs, laines.

8° Paraguay.

Entre le Parana, le Paraguay et le Brésil, à 300 lieues de la mer.

Assomption, capitale (30).

9° Uruguay.

Entre l'Uruguay, le Rio de la Plata et une ligne fictive menée de la lagune Merim au milieu de l'Uruguay.

Capitale : Montevideo (50).

10° Patagonie (et Terre de Feu).

Au sud de Rio-Negro, elle est arrosée par le Rio-Gallego, de 15 mètres de profondeur, et le Santa-Cruz au sud.
Tribus sauvages.

OCÉANIE

Géographie physique de l'Océanie. — L'Océanie est un immense archipel compris dans le *Grand Océan*, au sud du 40e parallèle septentrional et à l'est de l'Asie et du 90e méridien. On y va par la pointe de l'Amérique, par celle de l'Afrique, ou par Suez.

Cinq mers secondaires : De *Célèbes*, de *Java*, de *la Sonde* et des *Moluques* (Malaisie) ; de *Corail* (Mélanésie).

Cinq détroits : De *Macassar*, de *la Sonde*, de *Torrès*, de

Bass, de *Cook*. — *Cinq caps principaux en Australie* : Wilson, Leeuwin, Nord-Ouest, Essington, York. — *Huit* en Nouvelle-Zélande.

Trois chaînes de montagnes dont les sommets sortent de la mer et forment la plupart des îles de l'Océanie (5 kilomètres d'altitude aux Sandwich). Il en jaillit plus de *cent quatre-vingts* volcans et solfatares.

1° Chaîne volcanique de Sumatra et Tasmanie (1) : Elle n'est autre chose que le prolongement des montagnes de l'*Asie*. Elle forme les îles de la Sonde, la chaîne des Montagnes d'Australie, et celle de Tasmanie.

2° Chaîne volcanique de Luçon et Nouvelle-Zélande : Prolongement de celle du *Kamtchatka* par les Kouriles, les îles du Japon, Liéou et Formose. Elle va jusqu'au mont Egmont, en Nouvelle-Zélande, à travers les Philippines, Bornéo, les Moluques, la Nouvelle-Guinée, l'archipel de Salomon, les Hébrides, la Nouvelle-Calédonie, etc.

3° Chaîne polynésienne, rattachée peut-être à la précédente. Elle serpente des *Mariannes* aux *îles Gambier*, apparaissant pour former les Mariannes, les Carolines, les îles Gilbert, des Navigateurs, des Amis, etc.

Six fleuves principaux : *Siak* (Sumatra), *Kappouas* (Bornéo), *Darling*, et son affluent le Murray, *Rivière des Cygnes* et *Victoria* (Australie), *Waïkato* (Nouvelle-Zélande).

Deux lacs : *Eyre* et *Torrens* (Australie).

Quatre divisions : *Mélanésie*, *Malaisie*, *Micronésie* et *Polynésie*. Ces divisions, d'ailleurs tout arbitraires, ont été faites par Dumont-d'Urville. 1° Mélanésie : *Australie* et *Tasmanie*, et la chaîne d'îles tendue de la *Nouvelle-Guinée* à la *Nouvelle-Zélande* (îles Salomon, Hébrides, Loyalti).

2° Malaisie : Groupe en forme de pyramide dont les îles de la Sonde sont la *base* et Luçon la *pointe* ; ce groupe est situé entre la Mélanésie et l'Asie.

3° Micronésie, au nord de la Mélanésie : banc horizontal des *Carolines* ; et au-dessus, chaîne verticale des *Mariannes*, couronnée par les îles de *Magellan*.

4° Polynésie, à l'est de la Mélanésie et de la Micronésie,

(1) Nous donnons à chaque chaîne le nom de ses deux extrémités.

entre les tropiques. — Le principal groupe polynésien est celui des *Sandwich*, capitale *Honolulu*, avec une reine et un gouvernement constitutionnel.

Races indigènes : *Il y en a deux :* 1° la *race nègre océanienne* dans la Mélanésie (2 millions) ; 2° la *race olivâtre ou malaise*, variété de la race mongolique, dans les trois autres régions (25 millions).

Possessions européennes : Ces possessions forment *quatre groupes* répondant à peu près aux *quatre divisions de l'Océanie*, et appartenant à *quatre nations européennes* (Hollande, Angleterre, France, Espagne).

1° **Possessions hollandaises :** ILES PRINCIPALES : La chaîne de *Sumatra* (sauf le royaume indigène d'Achem, à la pointe nord), *Java, Sumbava, Florès*, et partie de *Timor ;* au-dessus de cette chaîne : *Bornéo* (excepté le royaume indigène de Bornéo, au nord), *Célèbes, Moluques*, et les petites îles voisines. — *VILLES : *Batavia*, capitale (151), dans l'île de Java ; Bencoulen (Sumatra) ; Banjermassing (Bornéo) ; Macassar (Célèbes) ; Amboine (Moluques). — GOUVERNEMENT : 1° Un *gouverneur général* à Batavia ; 2° des *chefs indigènes*, surveillés par des sous-gouverneurs ; 3° les indigènes travaillent pour la Hollande, car l'Etat est *propriétaire du sol colonial.*

2° **Possessions anglaises** (MÉLANÉSIE) : ILES PRINCIPALES : *Australie* (900 lieues sur 800), au sud de l'équateur ; *Tasmanie* et *Nouvelle-Zélande*, deux îles séparées par le détroit de Cook. — VILLES REMARQUABLES ; en Australie : SIDNEY (100), rade magnifique ; *Melbourne* (200), dans la région de l'Or ; *Adélaïde* (20), *Perth*, lieu de déportation sur la rivière des Cygnes (20), *Victoria* et *Brisbane*. — En Tasmanie : *Hobart-Town* (40) et *Port-Arthur*, dans la Nouvelle-Zélande ; *Aukland* (20), *Wellington* et *Nelson*. — GOUVERNEMENT : L'Australie est divisée en *six régions*, dont trois, peuplées par des convicts (forçats libérés) et des chercheurs d'or. Elles ont chacune un parlement colonial, ainsi que la Tasmanie et la Nouvelle-Zélande et aspirent à former les Etats-Unis de l'Australasie.

3° **Possessions françaises :** ILES PRINCIPALES (Trois groupes). Le triangle formé par les îles Marquises, Gambier et de la Société (Haïti) ; les îles Wallis (Polynésie), les îles Loyalti (Nouvelle-Calédonie (1), Chabrol, Britannia). — VILLES : *Napoléonville* et *Nouméa* (Nouvelle-Calédonie), *Papéiti* (Taïti).

4° **Possessions espagnoles :** Le sommet de la pyramide des îles malaises et la Micronésie. — ILES PRINCIPALES (Trois groupes) : Les *Philippines* (Luçon, Mindanao), les *Mariannes*, les *Carolines*. — VILLES : *Manille* (100) dans l'île Luçon. — GOUVERNEMENT : Un gouverneur et des alcades.

Productions : or, cuivre, bois, céréales, laines.

EUROPE

Limites (trois grandes mers et l'Asie) : au N., l'Océan Glacial ; à l'O., l'Atlantique, qui la sépare de l'Amérique ; au S., Méditerranée avec mer Noire et Caucase, qui la séparent de l'Afrique et de l'Asie ; à l'E., mer Caspienne, fleuve Oural, monts Ourals, fleuve Kara.

Mers et golfes, isthmes et détroits, îles et presqu'îles principales :

Trois mers : Océan Glacial, Atlantique et Méditerranée.

— 1° L'OCÉAN GLACIAL (au nord du cercle polaire) forme la *mer Blanche* et comprend :

Trois groupes d'îles : Nouvelle-Zemble, Spitzberg, Loffoden (Norwége).

— 2° L'OCÉAN ATLANTIQUE forme trois mers secondaires : la *Baltique*, la *Manche*, et la *Mer du Nord*. Ces mers lui sont unies par les *six détroits* de Skager-Rack, Cattégat, Sund, Grand-Belt et Petit-Belt (Baltique), et par le Pas-de-Calais.

ILES (trois groupes) : Féroé, îles Danoises et îles Britanniques (Angleterre, Irlande, Hébrides, Shetland, Orcades et Sorlingues).

PRESQU'ILES (deux) : Scandinavie et Jutland.

(1) Nouvelle-Calédonie, *Port-Balade* des indigènes, est habitée par la race des Papous couleur de suie, anthropophages. Vallées, forêts et montagnes impénétrables : sol fertile (igname, tabac, patates, cannes à sucre, houille.)

— 3° Méditerranée, rattachée à l'Atlantique par le *détroit de Gibraltar,* forme *trois mers : Adriatique, Marmara, mer Noire,* qui lui sont jointes par les *trois détroits* d'Otrante, des Dardanelles et du Bosphore.

Iles : 4 grandes îles : Corse, Sardaigne, Sicile et Candie ; — trois groupes principaux : Baléares, Ioniennes et Cyclades.

Presqu'îles : Espagne, Italie, Grèce et Crimée.

Isthmes : de Corinthe et de Pérékop.

Grandes chaînes de montagnes :

Trois chaînes principales : 1° Caucase (5,500 mètres); 2° Alpes (4,500 m) ; 3° Pyrénées (3,500 m) (1).

Volcans : *Trois principaux volcans en Italie :* Vésuve, Stromboli et Etna. Il y a en Europe vingt volcans ou solfatares en activité.

Ligne de partage des eaux (du détroit de Vaigatz à celui de Gibraltar). — Elle divise l'Europe en *deux pentes ou versants* et porte *douze noms principaux* : Monts de Moravie et monts de Bohêmes *au centre* ; et *au delà :* Carpathes du Nord, monts de Pologne, Valdaï, Uvaldi et Ourals ; *en deçà :* Alpes portant cinq noms (Alpes de Franconie, de Souabe, de Constance, d'Algau, Centrales) ; Jura, Cévennes, Pyrénées, chaîne Ibérique.

Principaux fleuves (les plus grands sont ceux de la Caspienne et de la mer Noire) : Volga, 900 lieues ; Ourals et Danube, 700 lieues (2).

Quinze fleuves principaux s'échappent au nord de la ligne de partage : La Petchora, la Dwina du Nord (*océan Glacial*) ; la Dwina du Sud, le Niémen, la Vistule et l'Oder (*Baltique*) ; l'Elbe et le Rhin (*mer du Nord*) ; la Seine (*Manche*) ; la Loire, la Garonne, le Douro, le Tage, la Guadiana, le Guadalquivir (*Atlantique*).

Cinq fleuves sortent du flanc sud, ce sont : l'Èbre, le Rhône, le Danube, le Dniéper, le Volga.

Lacs : Le plus grand nombre s'écoulent dans la Baltique, la mer du Nord et l'Adriatique :

1° *Lacs de la Baltique* (groupe suédois et groupe russe) :

(1) *Deux* d'entre elles limitent la France.
(2) La Loire n'a que 250 lieues, la Seine 200.

Wéner, Mœlar et Wetter; Onéga, Ladoga, Saïma et Peypus.

2° *Lacs de la mer du Nord* (groupe suisse) : Neufchâtel, Zurich, Lucerne et Constance. Ils s'écoulent par le Rhin.

3° *Lacs de l'Adriatique* (groupe italien) : Majeur, de Côme, de Garde. Ils s'écoulent par le Pô.

4° *Lac de Genève.* Il s'écoule par le Rhône.

Population de l'Europe : 300 millions d'âmes (1).

Races : *Deux races* : 1° RACE JAUNE OU MONGOLIQUE, le long de l'océan Glacial (Lapons, Samoyèdes).

2° RACE BLANCHE OU INDO-GERMANIQUE, divisée en *trois familles* : *famille latine* (sur la Méditerranée) ; *famille germanique* (sur les deux bords de la mer du Nord) ; *famille slave* (au delà de l'Oder et de la Theiss).

Langues : *Trois familles de langues* correspondant aux races (latines, germaniques, slaves).

Religion : *Trois confessions chrétiennes* (chacune a la sienne) : les Latins sont catholiques, les Germains protestants, les Slaves sont grecs (2).

Gouvernements : Représentatifs (deux chambres), partout, excepté en Turquie et en Russie, où le pouvoir des souverains est absolu.

Grandes voies : * Par canaux : Deux grandes lignes parallèles relient la mer du Nord et l'Occident à toute l'Europe orientale :

1° LIGNE DE L'ELBE AU DNIÉPER, qui communique lui-même avec les quatre mers russes (Noire, Caspienne, Baltique, Blanche) ;

2° LIGNE DU RHIN A LA MER NOIRE, par le *canal Louis* et le Danube (le Rhin est relié à tous nos fleuves).

* **Par chemins de fer** : CINQ GRANDES LIGNES vont de *Paris* aux extrémités de l'Europe :

1° A CADIX, par Madrid ; 2° au DÉTROIT DE MESSINE, par Lyon, le *Simplon*, Bologne, Florence, Rome, Naples ; 3° à ODESSA, par Strasbourg, Vienne et le Danube ; 4° à MOSCOU, par

(1) 600 millions en Asie ; la *moitié moins* (300) en Europe ; la *moitié moins* (150) en Afrique ; la *moitié moins* en Amérique (75) ; la *moitié moins* en Océanie (37).

(2) Il n'y a, en général, sur la Méditerranée et les mers qu'elle forme, que des *chrétiens*, Latins ou Grecs.

Strasbourg, Prague et Varsovie; 5° à SAINT-PÉTERSBOURG, par Maubeuge, Cologne, Berlin et Kœnigsberg.

L'Europe est divisée en dix-huits Etats désignés au tableau suivant (1) :

ÉTATS DE L'EUROPE.

Noms.	Habitants.	Noms.	Habitants.
Russie,	72,000,000	Belgique,	5,000,000
France,	36,000,000	Pays-Bas,	4,000,000
Autriche,	36,000,000	Portugal,	4,000,000
Confédération prussienne,	40,000,000	Suisse,	3,000,000
Grande-Bretagne,	30,000,000	Danemark,	1,500,000
Italie,	25,000,000	Grèce,	1,500,000
Espagne,	15,000,000	Andorre (Pyrénées),	20,000
Turquie (Europe),	15.000,000	Monaco (France),	7,000
Suède,	6,000,000	Saint-Marin (Italie),	5,000

Grande-Bretagne.

(Angleterre, Écosse et Irlande avec les groupes de Shetland, Orcades, Hébrides et Scilly.)

Bloc de fer et de houille, situé vis-à-vis du continent, entre Bergen (Norwége) et Calais, l'Angleterre est divisée en *trois pentes* par une chaîne longitudinale qui se bifurque à la source de l'Avon.

Produits du sol : Plus de *fer*, de *cuivre*, de *houille*, d'*étain*, de *houblon* que tout le reste de l'Europe. Beaucoup de moutons.

Villes d'industrie et de commerce (dans les régions à mines de houille et de fer, entre les estuaires) :

1° ENTRE TAMISE ET SEVERN : LONDRES (3 millions), Bristol (150), Swansea (50), et Cardiff (25), port de Merthyr-Tydwill (100).

2° ENTRE HUMBER ET SEVERN : Birmingham (300), Wolverhampton (100).

3° ENTRE HUMBER ET MERSEY : Leeds (230), Halifax, (50), Bradford (120), Sheffield (200), Manchester (500). Les *deux ports de ces villes* sont Liverpool (500) et Hull (100). — Plus haut, Sunderland (60) et Newcastle (120).

4° ENTRE FORTH ET CLYDE : Glascow (400), Edimbourg, avec son port, Leith (200).

5° EN IRLANDE : Dublin (300), Cork (100), Limerick (70) (1).

Importance commerciale et militaire des possessions extérieures. — Elles marquent une série d'étapes autour du monde ; la marine anglaise peut ainsi se ravitailler et se défendre, épier enfin toutes les occasions. L'Anglais une fois en mer est partout chez lui.

1° EN EUROPE : Les *îles Normandes* (refuge et arsenal entre Brest et Cherbourg) ; *Helgoland* (sentinelle à l'embouchure des fleuves allemands) ; *Gibraltar* et *Malte*, arsenaux et sentinelles dans les deux passages de la Méditerranée.

2° EN AFRIQUE : *Gambie*, villes et commerce du fleuve ; côte de *Sierra-Leone*, refuges fortifiés contre *Assinie* et *Grand-Bassam* ; Sainte-Hélène et l'Ascension (seuls refuges et points de relâche de ces parages) ; *le Cap*, point de relâche, *Maurice*, le seul arsenal et port de la mer des Indes ; les *Seychelles*, relâche ; *Aden* et *Périm*, relâches sur la mer Rouge.

3° EN ASIE : *Inde* et *Indo-Chine*, centre immense de production et grand marché pour le commerce ; *Ceylan*, arsenal et sentinelle (Trinquemale) ; *Malacca* et *Singapour*, clefs du détroit de Malacca ; *Labouan*, en face de la ville et du royaume de Bornéo, mines de houille ; *Hong-Kong*, relâche et sentinelle de Canton.

4° EN OCÉANIE : *Australie*, mines d'or et pâturages ; *Tasmanie* et *Nouvelle-Zélande*, houille et bons ports ; *Nouvelle-Guinée*, îles *Viti*.

5° EN AMÉRIQUE : *Nouvelle-Bretagne*, pelleteries, forêts, mines du Frazer ; *Terre-Neuve*, pêcheries ; *Bermudes*, à mi-route des Lucayes et de Terre-Neuve ; *Lucayes, Jamaïque, Sainte-Lucie, Tabago, Honduras*, importantes stations, aux deux bouts et au centre des Antilles ; colonies florissantes ; *Guyane*, marché et poste important ; *Falkland*, relâche, à la pointe de l'Amérique.

(1) Chemins de fer de Londres à toutes les grandes villes du littoral, et de Dublin à Cork et à Limerick.

BELGIQUE, PAYS-BAS, ÉTATS SCANDINAVES.

§ I. — **Belgique.**

La Belgique comprend le *bassin de l'Escaut,* au-dessous de son confluent avec la Scarpe, et le bassin de la *Meuse,* entre Charlemont et Maëstricht. Abondantes mines de *fer, de zinc,* et de *houille, lin.*

Villes d'industrie et de commerce (dentelles, tissus, fer, houille). BRUXELLES, capitale (300); Anvers (140), port sur la mer du Nord; Gand (120), Liége (100), Bruges (50), Mons (30), Namur (30), Malines (30); le *port* d'Ostende (20) (1).

§ II. — **Pays-Bas.**

Situés aux bouches de l'Escaut, de la Meuse et du Rhin, et autour du Zuyderzée.

Villes d'industrie et de commerce: *Amsterdam* (280), *Rotterdam* (110) et, *entre ces deux villes,* la capitale, *La Haye* (80), Leyde (50), Delft (25). — Ports fluviaux d'Utrecht (60) et de Flessingue (8).

Produits: lin et produits agricoles de toute sorte.

Possessions hors de l'Europe (20 millions d'habitants): 1° EN AFRIQUE: Comptoirs de Guinée (Ch.-l. El-mina).

2° EN AMÉRIQUE: *Trois Antilles:* Curaçao, Saint-Eustache et Saba; la Guyane hollandaise (Paramaribo).

3° EN OCÉANIE: Toute la base de la *pyramide* des îles Malaises (Voir Océanie).

§ III. — **Danemark** (Etat scandinave).

Pays agricole; il comprend le *Jutland* jusqu'à la Konge-Aa (2), et les *îles danoises* (dix grandes) (V. Atlas).

(1) Les chemins de fer partent de Malines (3,000 kil.).
(2) Frontière en litige (1867).

Villes importantes : La capitale, *Copenhague* (155), dans l'île de Seeland, et sur le continent, Aalborg (10), Aahrus (10).

Produits : bois et produits agricoles.

Possessions extérieures : 1° En Europe : *Féroë* et *Islande*.

2° En Amérique : *Groënland* et *trois Antilles* : Sainte-Croix, Saint-Jean, *Saint-Thomas, port franc,* relâche de *nos* transatlantiques (le chiffre de son commerce est évalué à 40 millions de francs).

§ IV. — **Suède avec Norwége** et les îles Gothland.

Chaîne de récifs, interrompue seulement entre Gothembourg et Carlscrona, défend le littoral *libre de glaces* toute l'année, excepté sur la Baltique (1).

Villes d'industrie et de commerce : Quatre en Suède : Stockholm, capitale (125), et les *ports* de *Gothenbourg* (40), *Malmöe* (20), *Carlscrona* (15).

En Norwége : Christiania, capitale (10), *Bergen* (36), *Drontheim* (18), et *Stavanger* (14).

Produits : 20 millions d'hect. de forêts : bétail ; fer, cuivre.

Colonies : *Une seule :* Saint-Barthélemy (Antilles).

EMPIRE D'ALLEMAGNE OU CONFÉDÉRATION ALLEMANDE.

Cet empire comprend les Etats situés *entre la Russie, l'Autriche,* le *Rhin,* la *Hollande,* l'Eider et la Baltique ; et, *au sud du Rhin :* Mayence, la Prusse et la Bavière Rhénanes, l'Alsace-Lorraine.

(1) Les vents soufflent de l'*ouest* pendant *dix mois* entre les cercles polaires. Ils arrivent de la mer chargés de vapeurs qui attiédissent l'air par la chaleur abandonnée dans la *condensation*. De là, l'absence des glaces sur les côtes de Norwége, tandis que la Baltique, au sud, en est couverte.

États confédérés avec la Prusse (1866)	3 royaumes : Saxe, Wurtemberg et Bavière. 12 duchés : les *deux* Mecklembourgs, les *six* duchés de Saxe, de Brunswick, d'Oldenbourg, de Darmstadt et de Bade. 9 principautés : les *deux* Reuss, les *deux* Schwartzbourg, les *deux* Lippe, l'Anhalt, le Waldeck, le Lichtenstein. *Trois villes libres :* Lubeck, Hambourg et Brême.

Principales villes : 1° Berlin, capitale (600).

2° **Ports de mer** : *Kœnigsberg* (100), *Dantzig* (80), *Stralsund* (20), *Rostock* (30), *Kiel* (30), *Tonningen* (40), *Jahde.*

3° **Ports fluviaux** : *Breslau* (146), *Francfort-sur-l'Oder* (36), *Stettin* (60), *Lubeck* (30), *Dresde* (120), *Magdebourg* (86), *Hambourg* (200), *Brême* (50), *Cassel* (30), *Francfort-sur-le-Mein* (70), *Mayence* (50), *Cologne* (130), *Munich* (140), *Stuttgard* et *Carlsruhe* (30), *Nuremberg* sur le canal Louis (60).

Produits : Animaux domestiques, lin. La Prusse est le pays du zinc.

Autriche.

Situation géographique. — L'Autriche est située au centre de l'Europe, entre la Prusse, la Saxe, la Bavière, la Suisse, l'Italie, la Turquie et la Russie. Divisée par les Alpes, les Carpathes et les monts de Moravie en *quatre versants,* elle touche à l'Adriatique, et communique par cinq fleuves avec trois autres mers : avec la *mer du Nord* par l'*Elbe* ; avec la Baltique par l'*Oder* et la *Vistule ;* avec la mer Noire par le *Dniester* et le *Danube* qui l'arrose dans une longueur de 1,300 kilomètres, et la relie au Rhin par le *canal Louis.*

Villes d'industrie et de commerce : 1° Ports fluviaux : Vienne, capitale (600), à mi-route de Paris et de Constantinople ; *Pesth* (150), cap. de la Hongrie ; *Prague* (150), cap. de la Bohême ; *Gratz* (60), en Styrie ; Cracovie (50), dans les provinces polonaises.

2° Ports de mer : Trieste (100), Fiume (10), Zara, (20), Raguse (10).

Produits : Blés de Hongrie et autres céréales, vins, bois, etc.

Confédération helvétique.

Groupe de montagnes entre la France, l'Allemagne, l'Autriche et l'Italie.

Villes importantes : Berne, capitale (30), *Bâle* (30), *Zurich* (20), *Genève* (30).

Produits agricoles abondants.

Italie.

Longue presqu'île formée par les Apennins, qui se bifurquent à la source du Bradano : de là *trois versants*. Elle est comprise entre les Alpes, l'Isonzo, et la mer, et on y rattache encore la Sicile, la Sardaigne et autres îles du littoral.

Villes importantes : Intérieur : Rome (200), capitale ; *Florence* (120), *Turin* (180), *Milan* (220), *Vérone* (60), *Bologne* (80).

Ports : *Gênes* (120), *Livourne* (100), *Civita-Vecchia* (15), *Naples* (450), *Tarente* (20), *Ancône* (40), *Venise* (120), *Palerme* (200), *Messine* (100), *Catane* (60).

Produits : Blés durs, vins, olives, laines, soies (1), soufre, chèvres, etc.

Espagne et Portugal.

Quadrilatère dont les quatre angles sont formés par les caps *Creus* et *Finisterre* aux deux bouts des Pyrénées, et les caps de *Gata* et de *Saint-Vincent*. Au centre s'élève un plateau bordé de montagnes.

(1) La vallée du Pô est pleine de mûriers.

§ I. — **Espagne.**

Divisions principales : Les 14 provinces anciennes sont divisées en *quarante-huit intendances.*

Grandes villes : 1° Villes situées a l'intérieur : Madrid, capitale (500), et *Tolède* (20), sur le *Tage;* Séville (150), Cordoue (50), Grenade (100), dans la vallée de la Guadiana ; Saragosse sur l'Ebre (80).

2° Ports : *La Corogne*, port militaire (30), *Santander* (20), *Bilbao* (20), *Barcelone* (250), *Valence* et son port *Grao* (150), *Alicante* (30), *Malaga* (120), *Cadix* port militaire (80) ; *Mahon*, dans l'île de Minorque (20), et *Palma*, dans l'île Majorque (40).

Possessions hors de l'Europe (5 millions d'habitants).

1° En Amérique : Porto-Rico et Cuba.

2° En Afrique : les quatre présides (garnisons) de Ceuta, Penon-Velez, Alhucemas, Melilla (sur la Méditerranée) ; les Canaries (7 grandes îles), Fernando-Pô, et Annobon (golfe de Guinée).

3° En Océanie : les Philippines et les Mariannes.

§ II. — **Portugal.**

Situé sur la partie navigable du Douro, du Tage et de la Guadiana, le Portugal est séparé de l'Espagne par une *chaîne infranchissable,* parrallèle à la chaîne ibérique.

Grandes villes : Trois ports : *Lisbonne*, capitale (300), *Porto* (100), *Sétubal* (15).

Possessions hors de l'Europe (3 millions d'âmes).

1° En Afrique : *Iles Açores, Madère* (cap. Funchal, 40,000 h.), du *Cap-Vert,* du *Prince* et *Saint-Thomas,* les côtes du *Congo* et du Mozambique.

2° En Asie : *Trois villes : Goa* et *Diu* (Inde), *Macao* (Chine).

3° En Océanie : *Une île : Timor* (Malaisie).

Produits de la Péninsule : blé dur, chanvre, vin, mûrier (vallée du Douro), chèvres, mercure, etc.

Turquie.

Principales villes : Les Ports de *Constantinople,* capitale (800), *Rodosto* (30), *Gallipoli* (20), *Salonique* (80), *Andrinople* (100), *Philippopoli* (60), *Varna* (15), *Routschouck* (30), *Widdin* (30), *la Canée* (15) dans l'île de Candie.

Dans le Monténégro, Etat presque indépendant, on trouve : *Cettigne,* capitale (10).

Dans la Servie (entre le Drin et le Timoch) : *Belgrade* (40).

Dans la Roumanie (*Moldo-Valachie*) : *Bucharest,* capitale (120), *Braïla* (50), *Galatz* (60), *Iassy* (80).

Produits agricoles du midi : Mûrier dans le val de la Maritza.

Possessions des Turcs hors de l'Europe :

En Asie : *Turquie d'Asie* et *Hedjaz*. — En Afrique : *Egypte* et *Tunis,* tributaires ; *Tripoli* et le *Fezzan*, immédiats.

Grèce.

Séparé de la Turquie par une ligne fictive allant du golfe d'*Arta* au golfe de *Volo,* le royaume de Grèce se compose de *trois parties : Hellade, Morée* et *Iles* (Eubée, Sporades du nord, Cyclades et Ioniennes).

Principales villes : *Athènes*, capitale (50), et les ports du *Pirée,* de *Nauplie* (13), de *Navarin*, de *Corfou* (20), de *Syra* (80), dans l'île de Syra, ce port est le point de relâche des paquebots des Messageries maritimes.

Produits : Blés durs, chanvres, mûriers, marbres, chèvres, etc.

Russie et Pologne (entièrement confondues).

Quatre versants : de la *Baltique,* de l'*océan Glacial,* de la *mer Noire,* de la *mer Caspienne.*

Principales villes : 1° Pente de la Baltique : *Péters-*

bourg capitale (500), et son port militaire *Cronstadt* (30), *Revel* (30), *Riga* (90), *Varsovie* (150).

2° Pente de la mer Noire : *Odessa* (100), *Nicolaïef* (40), *Kiew* (60), *Kherson* (20), *Taganrog,* sur le Don (20), *Sébastopol,* tombée de 50,000 hab. à 10,000 habitants.

3° Pente de la Caspienne : *Tver* (30), *Moscou* (300), *Nijni-Novogorod* (40), *Kazan* (60), *Perm* (12), *Orenbourg* (12), *Astrakan* (50).

4° Pente de la mer Glaciale : *Arkhangel* (30).

Produits : Céréales et animaux domestiques de tout genre en surabondance.

Possessions extérieures : En Asie : *Transcaucasie, Turkestan, Sibérie.*

LA FRANCE

« *Noble et fertile Etat, le plus favorisé par la nature de tous ceux qui sont au monde.* » (TEMPLE).

Un pays ne vaut que par *neuf choses principales :* Les frontières, la constitution géologique, le climat, l'administration ; les richesses que donnent la surface et l'intérieur du sol (agriculture et mines), l'industrie, le commerce, la population, les colonies. De ces neuf choses nous ferons *neuf chapitres.*

CHAPITRE I

FRONTIÈRES OU CADRE DE LA FRANCE

Configuration et étendue de la France : C'est un *hexagone de* 52 *millions d'hectares,* à trois côtés continentaux, et à trois maritimes, placé entre les pays les plus productifs de l'Europe et à côté de l'Angleterre.

Mers ou *frontières maritimes* et **golfes :** 1° de *Dunkerque à la pointe St-Mathieu* près de Brest : petit bout de la mer du Nord, et Manche entière entre France et Angleterre, avec *golfes* de la Somme, de la Seine et de St-Malo ; 2° *De Brest à la Bidassoa :* Atlantique ou *golfe* de Gascogne ; 3° *Méditerranée,* du cap Cerbère à la Roya, avec *golfes* du Lion, de Berre, de la Ciotat et Jouan.

Détroits : Pas-de-Calais (34 kil.) ; pertuis Breton, d'Antioche et de Maumusson, les trois sorties de Rochefort.

Iles : Lérins, Hyères et îles de Marseille ; les 10 îles de Cordouan, Oléron, Ré, Yeu, Noirmoutier, Houat, Hœdic, Belle-Ile, Groix et Sein, *dans l'Océan ;* Ouessant, Batz, Bréhat et Chausey *dans la Manche.*

Presqu'îles d'Antibes et de Giens ; de Quiberon, de Bretagne et du Cotentin dans la Manche.

Caps : Gris-Nez entre mer du Nord et Manche, Hève, Hague, Fréhel, Penmarch, Grave, Sicié.

Côtes : plate et sablonneuse *entre Rhône et Loire ; au-delà* de ces deux fleuves, pêle-mêle de rochers, de dunes et de falaises.

Frontières de terre : 1° *Pyrénées* et monts de *Haya* du cap Cerbère à la pointe du Figuier ; 2° la *frontière de l'Est* semble dessiner un *profil humain* depuis l'os du front jusqu'au cou : *le frontal* est le mont Donon ; le *front,* les Vosges centrales ; le *bas du front,* le ballon d'Alsace ; la *chute du front,* les Vosges méridionales et la trouée de Béfort ; le *nez,* le Jura ; le *dessous du nez,* le lac de Genève ; la partie d'*entre nez et bouche,* les Alpes du Valais ; la *bouche ouverte et le menton,* les Alpes Occidentales[1]. C'est au fond de la bouche que se trouve le tunnel du Mont Cenis. 3° Du Donon à Dunkerque ligne de convention qui coupe les vallées ouvertes à l'étranger ; mais aussi celle de l'Oise qui mène à Paris.

Défenses naturelles et places fortes de la France et des pays limitrophes.

1° Pyrénées. Elles ne sont franchissables qu'aux deux extrémités par des cols que défendent des forts soutenus par *Perpignan, Bellegarde, St-Jean-de-Luz* et *Bayonne.* Du côté de l'Espagne se trouvent *Fontarabie, Pampelune, Puycerda* et *Figuières.*

2° Frontière de l'Est n'est vulnérable qu'à la trouée de Belfort, le passage de l'*Ecluse* ayant été rendu inexpugnable depuis 1815, et les autres étant bouchés par les forteresses de *Montbéliard,* de *Joux,* des *Rousses, Besançon* et *Salins.* La Suisse nous oppose *Bâle, Porentruy, Neufchatel.* Les vallées de l'Isère, de la Durance et du Var et les cols des Alpes sont défendus par *Barraux, Embrun, Mont-Dauphin, Briançon, Barcelonnette, Colmars* et *Entrevaux.*

(1) *a c,* Vosges.
a, Donon, *b,* ballon d'Alsace
c, trouée de Belfort.
c e, Jura.
f, lac de Genève.
g, Alpes du Valais.
h m, Alpes occidentales.
d h j k, Reculet, mont Blanc.
i, col du Cenis, où passe le chemin de fer (au fond de la bouche).

3° Entre Vosges et mer du Nord : Waterloo et Sedan nous ont fait perdre la chaîne de forteresses qui formait les vallées: *Marienbourg* et *Philippeville* dans la trouée des Ardennes ; *Metz* et *Thionville* et les *villes de la Sarre* qui fermaient l'U de la Moselle ; mais la frontière est neutre jusqu'à Longwy et il nous reste en arrière: *Lille, Douai* et *Arras* entre mer et Escaut ; *Valenciennes* et *Cambrai* sur l'Escaut ; *Maubeuge* et *Landrecies* sur la Sambre ; *Avesnes* et *Rocroi* entre Sambre et Meuse ; *Mézières, Sedan* et *Verdun* sur la Meuse : en deçà de ces villes, une masse de forteresses. — *Entre Longwy et le Jura* nous n'avons plus que Toul et Belfort et les hauteurs de l'Argonne et des Faucilles qui ne protégeront les bassins de la Seine et du Rhône qu'une fois hérissées de forts détachés.

Ports militaires : Cherbourg, Brest, Lorient, Rochefort et Toulon ; tous fortifiés par Vauban excepté Lorient.

CHAPITRE II

CONSTITUTION GÉOLOGIQUE DU SOL FRANÇAIS

Constitution géologique du sol : Les deux grands massifs granitiques de l'*Auvergne* et de la *Bretagne*, et les deux grandes plaines calcaires de *Paris* et de *Bordeaux* (1), ces quatre morceaux encadrés de terrains jurassiques (à cailloux ronds): telle est la constitution générale de la France, qui du reste réunit tous les caractères géologiques.

Système orographique : Le réseau des montagnes françaises est assez bien décrit dans ces vers :

Trois cadres, deux de cinq, un de quatre côtés
Sur un long flanc de cloche au levant accotés ;
Le bonhomme de l'Est (2) ; à ses lèvres glacées,
Ainsi qu'à son menton trois chaînes enlacées (3).

(1) Le massif d'Auvergne est occupé par *seize* départements; celui de Bretagne par *onze;* la plaine de Paris compte *vingt-deux* départements, et celle de Bordeaux *onze*.
(2) Voir frontière de l'Est, page 154, et France physique, sur l'*Atlas*.
(3) Ces trois chaînes sont les Alpes de Savoie, de Dauphiné et de Provence.

En général les pentes Occidentales sont longues et graduées ; les Orientales coupées à pic.

Description des Alpes : Cimes hérissées de dents et d'aiguilles granitiques ; pentes calcaires du côté de la France ; quatre zones étagées des pieds au sommet : 1° zone des végétaux ordinaires à notre sol ; 2° zone de bouleaux et de conifères ; 3° zone de riches pâturages, dits alpestres ; 4° à partir de 2 kilomètres et demi glaciers et neiges éternelles.

Jura : escalier à 6 gradins parallèles de calcaire ; des vallées herbeuses et longitudinales les séparent. Forêts de sapins. Le Reculet, le plus haut sommet, a 1720 m.

Vosges : vallées transversales ; et sommets en forme de ballon, couverts de pâturages appelés *chaumes d'Alsace ;* sapins, chênes et hêtres (1400 mètres).

Cévennes (entre les deux canaux du centre et du midi), masses abruptes de granit, plateaux arides, cratères de volcans éteints ; forêts de chataigniers, vignobles sur le pied oriental (le Lozère a 1702 m.).

Massif central : énorme plateau volcanique et granitique qui s'élève à 800 mètres entre la Vienne et les Cévennes. Il porte 16 départements et mesure 70 lieues de large sous le parallèle de Limoges. Des chaînes le sillonnent et il est hérissé de mamelons appelés *puys* (puy de Sancy 1888 m.).

Pyrénées : Mur presque continu, crénelé de cônes et de cols appelés *ports ;* vallées transversales souvent arrondies en demi-cuves ou *cirques* (cirque de Gavarni) ; neiges éternelles vers 3000 mètres seulement ; aussi a plupart des cimes sont-elles couronnées de pâturages.

Plateaux (plaines hautes) : Le *quart* de la France est en plateaux de 300 à 800 mètres d'altitude (plateaux central, des Causses, de Bretagne, des Ardennes, de Lorraine.

Plaines : La moitié de la France est en plaines : bassins de la Seine, de la Loire (à l'ouest du plateau central), de la Garonne etc.

Régime des eaux ou leur direction générale : elles s'écoulent dans *trois directions :*

1° Direction *nord-ouest* dans la courbe que forment, entre

Bayonne et *Calais,* les Pyrénées, les Cévennes, les Ardennes et les collines d'Artois.

2° 3° En dehors de l'arc, direction *Nord* (Meuse, Escaut) et direction *Sud* (Saône).

Les Faucilles sont la ligne de faîte de ces deux versants Nord et Sud.

Terrains perméables. — Ce sont ceux qui laissent passer l'eau :

Terrains imperméables : Ceux qui retiennent l'eau à leur surface, les terrains argileux par exemple.

Sources : Ce sont les étangs souterrains formés sur les sols imperméables par les eaux pluviales ou la neige fondue qui ont pénétré à travers les terrains perméables.

Bassins, sorte de *grands vases* ou *caisses* naturelles dont les bords sont des montagnes et dans l'intérieur desquels coulent les fleuves et leurs affluents. Il y en a 4 grands sur le sol français : 1° Le long quadrilatère de la Loire *au milieu* ; et *trois bassins adjacents* que nous avons ouï comparer, celui de la Seine à une mitre d'évêque (c'est un pentagone) ; celui du Rhône à une *demi-cloche* coupée de haut en bas ; celui de la Garonne, à une *soupière* dont les Pyrénées Centrales sont le fond (c'est aussi un pentagone). V. Atlas.

Fleuves et rivières (1).

1° *La Loire* (280 lieues) et ses affluents Allier, Nièvre et Loiret ; puis les *trois* rivières qui s'embouchent près de Tours : Cher, Indre, Vienne avec son affluent la Creuse ; la Maine et ses *trois rivières* de Loir, Sarthe et Mayenne.

2° *La Seine* (200 lieues) et ses affluents, Aube, Yonne, et les 2 rivières d'à côté de Paris, Marne et Oise avec Aisne ; Eure.

3° *Rhône* (205 lieues dont 130 en France) : Ain, Saône et Doubs, Isère, Drôme, Vaucluse, Ardèche, Gard, Durance.

4° *Garonne* (145 lieues) : Ariège, Tarn et Aveyron, Lot, Gers, Dordogne et Lozère.

(1) Bien examiner sur la carte la position de ces rivières, et parcourir le fleuve en remontant les affluents à mesure qu'on les trouve à droite et à gauche, on n'oubliera aucun département.

En dehors des grands bassins : Var, Hérault, Aude, sur *Méditerranée ;* Adour, Charente, Vilaine, Blavet, Orne, Somme, Escaut, Meuse, Moselle.

Lacs et étangs : Genève (60 kil.), Annecy, Bourget près des Alpes ; Saint-Point, Nantua et Rousses près du Jura ; Gérardmer et Longemer (Vosges) ; Grandlieu près Nantes. *Etangs :* partout dans Dombes et Sologne, et les chaînes littorales des Landes, du Roussillon et du Languedoc.

CHAPITRE III

CLIMAT

Climat : Il est généralement *tempéré,* la France étant à mi-route entre le pôle et l'équateur, et penchée vers le soleil (exposition Occidentale, excepté le val d'Allier et le versant de la mer du Nord). Mais elle subit encore deux autres influences.

Influence de l'Océan et de la Méditerranée : La mer modère les températures excessives en amenant l'air à son degré de chaleur qui est à peu près invariable : mais l'Océan nous envoie plus de chaleur et plus de pluie à cause des vents dominants qui soufflent de l'Ouest dix mois sur douze, et à cause du *Gulf Stream* : (V. géog.) « La quantité de chaleur que ce courant répand sur l'Atlan- » tique, suffirait pour élever toute la masse d'air qui couvre » la France et la Grande-Bretagne du point de congélation » à la chaleur de l'été. » (Maury.)

Influence des montagnes : Elles sont des écrans contre le chaud et le froid et abritent contre les vents dominants les contrées qu'elles dominent(1) ; mais à cause de leurs neiges elles donnent naissance à des courants d'air froid et à des pluies.

Vents dominants : Dans la grande courbe de montagnes arc-boutée à Calais et à Bayonne et qui renferme les pays de *climat Séquanien* et de *climat Girondin* séparés

(1) Glaces éternelles sur le versant nord des Alpes, vignobles sur le versant du Sud.

par la Loire, les vents soufflent de l'*ouest* dix mois sur douze ; du *Nord-Ouest* (mistral) sur les bords de la Méditerranée, où règne le *climat Méditerranéen*, au-dessous de l'Isère et de l'Ardèche ; de l'*Ouest, du Sud et du Nord* dans la cloche de la Saône et du Rhône (*climat Rhodanien*) ; du Nord-Est en Lorraine (*climat Vosgien*).

Pluies : Leur abondance dépend de la direction des vents et du voisinage de la mer et des montagnes ; aussi pluies fréquentes dans la grande courbe penchée vers l'Atlantique et la Manche, et encore plus dans les Cévennes, le Jura et les Alpes qui arrêtent les nuées au passage (1 mètre d'eau par an dans Finistère, Cévennes et Jura ; 2 mètres au mont Lozère et dans les Alpes) ; *pluies rares* dans le voisinage de la Méditerranée ; *averses* diluviennes dans le reste du bassin du Rhône (1) ; pluies rares dans le climat Vosgien.

CHAPITRE IV

ADMINISTRATION PUBLIQUE

L'Administration garantit l'ordre public : C'est un puissant élément de prospérité. Mais il est à craindre qu'elle n'annule les autorités locales qui connaissent mieux les besoins des administrés. Très-faible chez les Gaulois où chaque tribu, comme aux Etats-Unis, administrait à sa guise ses affaires particulières, elle fut créée par les Romains, rétablie par les Mérovingiens et Charlemagne, brisée par le régime féodal ; puis reconstituée sous forme d'unité territoriale et monarchique (Louis XI) et enfin sous la forme actuelle de centralisation administrative avec des divisions pour étager les agents provinciaux du pouvoir central (de Louis XI à la Constituante).

Etendue de la Gaule : France et Suisse actuelles avec tous les pays en deçà du Rhin.

Divisions de la Gaule avant la domination

(1) Sans doute parce que les Alpes y arrêtent les nuées venues de l'Océan.

romaine : Elle était fondée sur les divisions naturelles du sol, des races : quatre grands peuples : Les *Belges* entre le Rhin, la Seine et la Marne ; les *Celtes* de là jusqu'à la Garonne ; les *Aquitains* entre Garonne et Pyrénées ; *Les Ligures* mêlés de Grecs le long de la Méditerranée. Ces quatre nations subdivisées en 300 où 400 peuplades ou clans ayant chacune un gouvernement local, et formant plusieurs grandes confédérations.

Divisions de la Gaule sous la domination romaine. *César* maintint les divisions ethnographiques d'avant la conquête ; *Auguste* partagea la Gaule d'abord en quatre, puis en six provinces, mais en conservant les tribus ou cités et en donnant à la ville capitale le nom de tout le clan (ex. *Avaricum* devient *Bituriges*). *Dioclétien* porta le nombre de ces divisions à douze, et Valentinien à dix-sept.

Formation territoriale : (V. histoire) : elle s'est faite de quatre manières : 1° par les *avénements* de nouvelles dynasties : Ile-de-France, Orléanais (Hugues-Capet) ; Valois (Philippe VI) ; Angoumois, Forez et Beaujolais (François Ier) ; Béarn, Bigorre, Basse-Navarre, Comtés de Foix et d'Armagnac, domaine de Henri IV ; 2° par des *mariages :* Champagne (Philippe-le-Bel), partie du Languedoc (frère de saint Louis) et Bretagne ; 3° par *acquisitions amiables :* Berri, Lyonnais, Dauphiné, Marche, Bourgogne, Provence, Maine, Anjou, Bresse et Bugey, Lorraine allemande, Ile de Corse, Savoie et arrondissement de Nice ; 3° par *confiscations :* Touraine, Poitou, Saintonge, Normandie (sous Jean sans Terre) ; Bourbonnais et Auvergne sur le connétable de Bourbon ; 4° *par conquête :* Limousin, Guyenne et Gascogne, Lorraine française, le Calaisis, Artois, Roussillon, Flandre française, Franche-Comté.

Langue française : divisée d'abord en autant de dialectes qu'il y avait de grands fiefs, elle s'est unifiée avec la nation, le dialecte du duché de France étant devenu le type commun. On la parle aujourd'hui en France et aux Colonies ; en Belgique et en Suisse ; dans les îles Anglo-Normandes, Seychelles, Mascareignes ; dans les Antilles (Tabago, etc, Lucie, Grenade, Dominique, Haïti) ; en Canada, Illinois, Mississipi, Louisiane.

Nationalité française : Aucune nationalité n'est plus

fortement constituée puisque la nationalité résulte surtout de deux choses : 1° de l'*uniformité du langage :* Or il ne diffère que dans les deux départements du Finistère et du Morbihan et dans les pays Basques : 2° du sentiment de *confraternité et de solidarité*, sentiment qui existe sur tout le territoire.

Provinces et gouvernements : division née du sol et des races, commencée par *Louis XI*. Il en établit *quatre* qui n'étaient que des gouvernements militaires ; François Ier en porta le nombre à *neuf* ; *Henri IV* à *douze* ; *Louis XIV*, à *trente*. En 1789 il y en avait *trente-deux* (V. Atlas) (1).

Anciennes divisions administratives en *trente-deux* généralités répondant à peu près aux 32 provinces et administrée par des *intendants* qui avaient toute l'administration intérieure. Elles étaient subdivisées en *élections* dans chacune desquelles il y avait un *subdélégué*.

Anciennes divisions judiciaires : 13 parlements et 320 bailliages.

Départements, organisation de 1790. La constituante divisa le sol en 83 morceaux ou départements, portant un nom de rivière ou de montagne, etc.

Modifications survenues depuis cette époque : Le Comtat Venaissin devint le *Vaucluse* en 1791 ; *Rhône*-et-*Loire* séparé en deux (1793) ; *Tarn-et-Garonne* formé en 1808 ; *Haute-Savoie* et *Savoie* annexés en 1860 de même que le comté de *Nice*.

Administration des communes (36000) : Maires, adjoints, conseil municipal :

Des cantons : Circonscription judiciaire, financière et de police et bureau de recrutement (juge de paix, percepteur, gendarmerie). Ils élisent un *Conseiller d'arrondissement* un *Conseiller-général*.

Arrondissements (366) : sous-préfet, et conseil d'arrondissement qui répartit l'impôt entre les communes.

(1) Apprendre d'abord les provinces du bassin de la Loire qui tirent leur nom des grandes villes de ce bassin (Tours, Touraine).

Départements : Préfets avec Conseil de préfecture, et Conseil général répartissant les impôts entre les arrondissements.

Administration centrale : Elle réside à Paris et à Versailles et comprend : 1° Le *Président de la République* élu pour 7 ans ; 2° Le *Sénat ;* 3° l'*Assemblée* nationale ; 4° le *Conseil d'Etat ;* 5° *Neuf Ministres* dont un dirige l'administration intérieure (Voir Département), et l'autre les affaires étrangères : Les sept autres sont à la tête de *sept échelles de fonctionnaires* relevant les uns des autres et dirigeant les 7 branches administratives ci-dessous :

1° **Travaux publics** (chemins, canaux, mines), par inspecteurs, ingénieurs, conducteurs des ponts et chaussées et des mines — agents-voyers ;

2° **Agriculture et commerce :** six inspecteurs généraux ; chambres consultatives, dépôts d'étalons, fermes-écoles, comices agricoles, concours régionaux au mois de mai ; chambres de commerce, etc.

3° **Armée** (1,700,000 hommes) : Elle comprend tous les hommes de 20 à 40 ans. Ils doivent *neuf ans* dans l'*armée active* dont 5 comme soldats, 4 comme réservistes ; *onze ans* à l'armée territoriale, dont 5 comme soldats et 6 comme réservistes. Il y a dix-huit corps d'armée. Personnel connu de tout le monde.

— **Divisions militaires** (voir tableau). Il y en a 22 en continuant à compter Metz et Strasbourg pour ne pas déranger l'ordre ancien des numéros.

4° **Marine et colonies** (500 bâtiments). — 25,000 marins des équipages ; 16,000 hommes de troupes de marine (artillerie, infanterie, gendarmerie de marine) ; officiers, médecins, commissariat, mécaniciens, ingénieurs hydrographes. — Aux Colonies : gouverneur nommé par ministre.

— **Arrondissements maritimes :** Cinq : *Cherbourg* (littoral de Coutances à Dunkerque), *Brest* (de Coutances à Quimper), *Lorient* de Quimper à la Loire ; *Rochefort,* de la Loire aux Pyrénées ; *Toulon* : Méditerranée.

5° **Finances, Budget** : plus de 2 milliards et demi de *recettes* et autant de dépenses : 500 millions pour l'entretien de l'armée seulement, et 150 millions pour la marine (1).

Dette : 19 milliards ou 750 millions de rente dont plus de la moitié dus à la guerre de 1870-71.

Contributions directes (foncier, mobilier, portes et fenêtres, patentes). Elles donnent 500 millions :

Contributions indirectes (consommations, enregistrement, postes). 1 milliard 500 millions.

Douanes : 200 millions ; il y a 29 Directions et 20,000 douaniers.

6° Justice : une cour de *Cassation* pour France et Colonies ; 28 cours d'*Appel* (V. tableau), une cour d'*Assises* au chef-lieu de département : tribunal de 1re *instance* à l'Arrondissement ; *juge de paix* au Canton, Tribunaux de *commerce* et conseil des *prudhommes* dans beaucoup de villes.

7° Instruction publique et cultes. Ministre, conseil supérieur, inspecteurs généraux, recteurs (V. tableau). Trois sortes d'enseignements ; *supérieur* (facultés) ; *secondaire* (lycées et colléges) ; *primaire* (écoles).

Académies universitaires : il y en a 16 (V. tableau).

Institut : Il est divisé en cinq Académies : Académie française, des inscriptions, des sciences, des beaux-arts, des sciences morales et politiques.

Cultes : Il y en a trois de salariés par l'Etat : le Catholicisme, le Protestantisme (2) et le Judaïsme.

Archevêchés : Il y en a 18, avec Alger (V. tableau).

Evêchés : 69 avec les 2 d'Algérie. (Les évêques de Limoges, Poitiers, Bourges, Besançon et Lyon ont chacun 2 départements).

Consistoires : Les Israélites ont un consistoire central, à Paris ; les Calvinistes ont 91 consistoires ordinaires et un central ; les Luthériens en ont une *dizaine*.

Organisation politique : La France est une République Constitutionnelle ayant un Président pour 7 ans,

(1) En 1848, l'impôt était de 1 milliard 287 millions, et la dette de moins de 6 milliards. En 1852, la dette était de 243 millions de rente.

(2) Luthériens et calvinistes.

un Sénat, une Assemblée nationale, élue au suffrage universel.

22 DIVISIONS MILITAIRES.	27 COURS D'APPEL.	16 ACADÉMIES.	18 ARCHEVÊCHÉS.
Les 16 premières enveloppent les 18e, 19e, 20e et 21e, qui sont au centre. Elles forment une *spirale* qui suit la frontière.	1° Aix.	Aix.	Aix.
1re Paris.	2° Alger.	Alger.	Alger.
2e Rouen.	3° Besançon.	Besançon.	Besançon.
3e Lille.	4° Bordeaux.	Bordeaux.	Bordeaux.
4e Châlons.	5° Chambéry.	Chambéry.	Chambéry.
5e } 6e } Nancy.	6° Lyon.	Lyon.	Lyon.
7e Besançon.	7° Paris.	Paris.	Paris.
8e Lyon.	8° Rennes.	Rennes.	Rennes.
9e Marseille.	9° Toulouse	Toulouse.	Toulouse.
10e Montpellier.	10° Amiens.	Caen.	Tours.
11e Perpignan.	11° Bourges.	Dijon.	Bourges.
12e Toulouse.	12° Caen.	Douai.	Sens.
13e Bayonne.	13° Dijon.	Grenoble.	Cambrai.
14e Bordeaux.	14° Douai.	Montpellier.	Avignon.
15e Nantes.	15° Grenoble.	Nancy.	Rouen.
16e Rennes.	16° Montpellier.	Poitiers	Reims.
(17e Bastia.)	17° Nancy.		Auch.
18e Tours.	18° Poitiers.		Alby.
19e Bourges.	19° Rouen.		
20e Clermont.	20° Angers.		
21e Limoges.	21° Bastia.		
(22e Grenoble.)	22° Limoges.		
	23° Nimes.		
	24° Orléans.		
	25° Pau.		
	26° Riom.		
	27° Agen.		

CHAPITRE V

RICHESSES DU SOL EXTERNE ET INTERNE

L'Agriculture donne celles du *sol externe* et les mines et carrières celles du *sol interne*.

§ 1. — **Agriculture** ou richesse du sol externe (26 millions d'hectares sur 52).

Faute d'instruction agricole le cultivateur français ne reproduit *pas assez de viande* ; pas assez *de bois* (1) ; à peine assez de plantes alimentaires ; de plantes textiles et de plantes à huile. Il n'y a d'*excédant* que pour le vin. C'est que l'on met moitié trop *peu* en prairies et en racines pour les animaux, d'où :

Pas assez d'animaux domestiques et de basse-cour, et par suite de viande, lait, beurre, suif, laine, œufs, fumier pour céréales, etc. :

100 millions d'hectolitres de *froment* produits et consommés ;

100 millions d'hectolitre d'*avoine, orge* et *seigle,* idem ;

100 millions d'hectolitres de *maïs, sarrazin* et *pommes de terre,* idem ;

Avec du fumier on triplerait. Et que ne ferait-on pas en connaissant les besoins des plantes et du sol ?

50 millions d'hectolitres de vin (Bourgogne, Champagne, Centre, Saintonge, Bordeaux, Midi, Rhône). — 4 millions d'hectolitres de cidre. — Bière partout où l'on veut.

Zones de culture : six en y comprenant l'Algérie :

1° Zone des *pommiers* et des pâturages, entre la Manche et une ligne allant de l'embouchure de la Loire à la source de l'Oise.

2° Zone de la *vigne,* depuis cette ligne jusqu'au grand Atlas.

3° Zone du *maïs*, depuis une ligne allant de l'embouchure de la Gironde à la frontière (en passant par Bourges), jusqu'à l'Atlas ;

4° Zone de l'*olivier* entre les Corbières, l'Ardèche, la Durance et l'Atlas.

5° Zone de l'*oranger,* entre les monts des Maures et l'Atlas ;

6° Zone du *dattier*, au-delà du grand Atlas.

N.-B. Les céréales, les racines, les légumes, les fruits (excepté l'amande, le citron, la grenade, etc., qui sont de la zone de l'olivier) n'ont pas de zones spéciales. — Les *forêts* font cercle autour des affluents de la Seine ; mais ne donnent pas assez de bois.

(1) 2 millions de mètres cubes de bois d'œuvre, il en faut 6 ; 17 millions de stères pour chauffage, il en faut le double.

Régions agricoles : (Environ 6 millions d'hectares chacune). Elles sont fondées sur le sol et le climat, et varient de 9 à 11 départements : elles sont au nombre de *neuf*. Au milieu : ouest, centre, est; au-dessus les *trois nords* (nord, nord-ouest, nord-est) ; au-dessous les *trois suds* (sud, sud-est et sud-ouest). — On en fait douze pour les concours régionaux.

Rapports de l'agriculture avec la géologie et le climat : Chaque plante a besoin d'aliments et d'une température particulière; elle dépérit, si le sol et le climat les lui refusent. Qu'on sème de l'avoine ou du seigle dans du calcaire pur, il ne s'élèvera pas au-dessus de quelques centimètres. Les serres prouvent assez d'ailleurs que les plantes ne viennent pas dans tous les climats.

Pêche côtière : Du Pas-de-Calais à l'embouchure de l'Orne, *harengs ; maquereaux* sur toute la Manche ; *sardines,* de Brest aux Sables-d'Olonnes ; *thons* et *anchois* sur le littoral de la Méditerranée ; *huîtres* à Granville, Cancale, Tréguier et *Marennes ;* congres, merlans, rougets, mulets, bars, raies, turbots, soles, plies, barbues, crabes, homards ; moules sauvages et moules cultivées, *partout.*

§ 2. — Carrières et Mines ou richesses du sol interne.

Ayant tous les sols nous avons toutes les espèces de pierres ; mais presque pas de métaux, si ce n'est du fer et de la houille.

Carrières : Dans les terrains primitifs : granits, porphyres, gneiss (Auvergne et Bretagne) ; *au pied des massifs granitiques* : ardoises des Ardennes, d'Angers et de Châteaulin. 2° *Dans les terrains calcaires :* Marbres de toute couleur dans les chaînes de montagnes surtout; 36 nuances dans les Pyrénées (Bagnères-de-Bigorre) ; *blanc teinté* de rose, dans les Cévennes (Doix) ; *noir*, dans les Alpes ; jaune dans le Jura ; *Sablé* (Sarthe), de quatre couleurs ; du *gris* dans tous les sols calcaires : pierres lithographiques, pierres de taille, craie, albâtre, gypse ou pierre à plâtre (Paris). 3° *Quartz*, silex, meulière, grès, sable. 4° *Argiles* plastiques (à Forges) ; *argiles à porcelaine* (à Saint-Yrieix). — Sel gemme.

Mines (au bord des sols granitiques) : Les deux principales richesses minérales de France sont la houille qui « crée le mouvement » et le fer, qui « fournit les outils. »

Houille (dans 72 départements, au bord des massifs granitiques, dans les terrains de transition) (1). Outre le bassin de Valenciennes, une ceinture de gîtes houillers règne autour du plateau central : au Creuzot, à Decize, Commentry, Saint-Etienne, Brives-la-Gaillarde.

Fer (terrains jurassiques) *neuf groupes* d'exploitation portant les noms des neufs régions agricoles (le Cher donne 800,000 tonnes, le cinquième de la production française). — *Plomb* pour 3 millions de francs.

N.-B. Tous les autres métaux : plomb, cuivre, argent, or, zinc, étain, etc. ne donnent pas une valeur de 3 millions; or la France en consomme pour 800 millions (700 millions pour or et argent).

Rapports avec la géologie : Ils tont tels que le mineur reconnaît à l'examen du sol l'existence et même la direction des minerais.

CHAPITRE VI

INDUSTRIE FRANÇAISE (15 milliards)

L'industrie transforme les matières fournies par l'agriculture et les mines lorsqu'elles ne seraient pas utilisables après une simple préparation domestique.

Industries métallurgiques : Elles séparent le métal des matières avec lesquelles il est combiné. La métallurgie du fer a seule quelque importance et s'exerce de Lille à Châteauroux. Cette région possède tout à la fois les mines et le combustible (houille et forêts) : usines de *Marquise* (Pas-de-Calais), de Lille, Douai, Charleville, Châtillon, *Creuzot*, de la *Nièvre*, du *Cher*, de *Commentry*; au-delà du massif central, Decazeville.

(1) La France a le troisième rang : Angleterre, 100,000 tonnes; Allemagne, 20,000; France, 10,000; Belgique, 10,000.

Industries chimiques : Elles produisent des *eaux-de-vie* de Cognac (dans les Charentes) et d'Armagnac (Lourdes, Gers) ; des *alcools* de substances farineuses dans 40 départements; des *huiles* d'olive, à Aix et à Marseille, et de graines, à *Caen* et nord, etc. ; huiles de ricin dans le Gard; des *bougies* (à *Paris, Lyon*, Bretagne), etc., des *savons* (Marseille, Nantes, et Rouen) ; *résines* dans les Landes; des *couleurs*, aniline, etc. (à Paris) ; des acides commerciaux, des soudes et potasses (Marseille et Nord, Cherbourg et Conquet, etc.)

Industries alimentaires : *Conserves* de sardines, thon, maquereau et autres poissons dans les pays de pêche; saucissons de Lyon, terrines de Nérac, jambon de Bayonne ; confitures à Bar-le-Duc; nougats de Montélimar, dragées de Verdun. — 2° *Sucres* de betterave dans les cinq départements du Nord; sucre de canne à Marseille, Nantes et Bordeaux. 3° *Fromages :* de *vache* au nord de la Seine jusqu'au Jura (Marolles, Neufchatel, Livarot, Brie, Gruyère) ; de *chèvre* dans les Alpes; de brebis et chèvre, dans le midi (Roquefort). — 4° *Pâtes :* vermicelle, semoule, etc. (Auvergne et Marseille).

Industries textiles : *Tissus de coton ;* groupe normand (Rouen, Flers, etc.) ; groupe du nord (Saint-Quentin, Lille et Amiens) ; groupe Lyonnais (Tarare et Roanne). 2° *Tissus de chanvre et de lin* dans le nord-ouest et le Béarn (pays du lin). 3° *Tissus de laine :* Normandie (Elbeuf, Louviers, Lisieux, Vire) ; nord (Roubaix) ; Sedan et Reims; 4° *tissus de soie :* Lyon, Saint-Etienne, Tours, Paris.

Rapports des industries avec l'agriculture et avec les mines : Ce sont les mines et l'agriculture qui fournissent des matériaux à l'industrie, donc pas d'industrie sans agriculture ni mines. Du reste pas d'outils, ni de machines sans fer.

CHAPITRE VII

COMMERCE

Le commerce distribue à l'intérieur les produits du sol et de l'industrie et fait avec l'étranger une importation et une exportation de 8 milliards, mais on a besoin pour l'exercer de bonnes voies de communication.

Voies de communication : Il y en a cinq sortes.

1° **Routes :** nationales, départementales et communales, partout.

2° **Chemins de fer :** Ils vont des *six gares* de Paris aux grandes villes frontières de tous les points cardinaux : 1° à *Lille;* 2° au *Havre* avec embranchement pour Cherbourg; 3° à *Brest*, avec embranchement sur Granvillle; 4° à *Orléans* avec embranchements pour Agen, Bordeaux, Nantes et Lorient; 5° à *Lyon* et *Marseille,* avec embranchement sur le Mont-Cenis; 6° à *Strasbourg* ou *Nancy* avec embranchement sur Mulhouse par la trouée de Béfort. — *Deux lignes* partent aussi de *Bordeaux* pour *Cette* et *Bayonne*.

3° **Canaux** (1) **:** Paris communique par canaux avec tous les fleuves circonvoisins de la Seine à l'aide des 3 rivières de l'Oise, de la Marne et de l'Yonne; Bordeaux, avec le Rhône par le canal du midi et les canaux des étangs. — Canaux latéraux partout où les fleuves ont des rapides (Loire, Garonne, etc.).

4° **Postes :** Transporte partout par chemins de fer, voitures, paquebots : lettres imprimés et paquets pesant moins d'un kilogramme (1 milliard de lettres).

5° **Télégraphes :** relient toutes les villes entre elles avec la capitale, avec les Sémaphores et l'Europe; et même par des lignes sous-marines avec la Corse, l'Algérie, l'Angleterre, l'Amérique, la Cochinchine, la Chine, le Japon, l'Australie (de Brest à Terre-Neuve et à Boston).

(1) Un cheval traine 40,000 kil. sur un canal, et ce qui coûte 5 fr. de transport en chemin de fer coûte 5 centimes en canal, outre que tout le monde peut y avoir des bateaux.

Importance des transports à l'intérieur (30 milliards de trafic) : Près d'un milliard de transport par les chemins de fer seuls ; 4 millions de dépêches ; un milliard de lettres.

Navigation fluviale : un milliard de tonnes (plus encore sur les canaux).

Navigation maritime : 16,000 navires transportent 16 millions de tonneaux (sans compter les bateaux pêcheurs. Un million et demi de tonnes à Marseille ; un million au Havre. Les messageries nationales relient Marseille à tout l'Orient ; les transatlantiques, Bordeaux, Nantes, le Havre à l'Amérique et à l'Océanie.

Poids et mesures : Ils dérivent du *mètre* et le calcul est *décimal.*

Importation : Elle apporte en France pour 4 milliards de denrées coloniales, de fibres textiles, de métaux (non compris l'or et l'argent), de bois, bestiaux, huiles, etc.

Exportation : Elle porte à l'étranger pour 4 milliards de produits manufacturés et de produits naturels du sol (surtout des vins).

Principaux centres de commerce : Les *ports* de commerce qui exportent et importent pour les contrées environnantes et les grandes villes d'industrie : Paris, Lyon, Saint-Etienne, Roubaix, etc.

Grandes villes : Paris (2 millions d'habit.), Lyon (320), Marseille (300), Bordeaux (194), Lille (154), Toulouse (126), Nantes (110), Rouen (100).

CHAPITRE VIII

POPULATION DE LA FRANCE

Population : 36 millions d'habitants de races gauloise, romaine, germanique, normande, etc. ; races devenues complétement homogènes.

Densité : 68 habitants par 100 hectares. Il n'y a que l'Allemagne, l'Espagne, la Turquie et la Russie qui en aient moins. Or plus une population est dense, plus elle est riche, car elle a plus de bras pour l'agriculture et l'industrie. D'autre part on a reconnu que la population diminue en raison directe de la prospérité matérielle.

Mouvement de la population ou *variations en quantité* : Il y avait 4 millions d'âmes au temps de César;
10 millions, sous Clovis;
20 millions en 1700;
30 millions en 1830;
36 millions en 1875.

Il nous faut 150 ans pour doubler, tandis qu'il ne faut que de 30 ans à 100 ans à n'importe quel autre Etat de l'Europe.

CHAPITRE IX

COLONIES ET PROTECTORATS

Possessions coloniales de la France (100 millions d'hectares en Afrique, Asie, Amérique et Océanie; 4 millions d'habitants : *un colon par 10 métropolitains* (1). Destinées à nous procurer les plantes étrangères à notre climat, elles sont toutes sous la *zone torride*, excepté les îlots de Terre-Neuve, l'Algérie et les deux protectorats d'Andorre et de Monaco.

République d'Andorre (20,000 h.) : Val des Pyrénées (6 communes) entre Foix et Urgel, gouverné par un syndic, 24 conseillers et 2 juges dont l'un nommé par la France; pas de douanes à notre frontière.

Principauté de Monaco (10,000 h.) port sur un cap des Alpes-Maritimes, gouverné depuis 980 par les Grimaldi de Gênes fondus dans les Matignon.

Nous occupons en Afrique cinq points.

1° **Algérie. Côtes :** Plus vaste que la France, l'Algérie a 250 lieues de long entre le Maroc et la Tunisie, sur la Tunisie, sur la Méditerranée. Cette mer y forme le *golfe*

(1) Les colonies anglaises ont 40 fois plus d'étendue et *sept* colons pour *un* métropolitain.

d'Oran, entre les *caps Ferrat et Falcon*; le *golfe d'Alger* et le *cap Matifou*; le *golfe de Stora* entre les *caps de fer* et de *Bougaroni*.

Relief du sol : *Trois chaînes* parallèles réunies par une foule de chaînons.

1° GRAND ATLAS : ligne de partage des eaux du Sahara et de la Méditerranée. Il va du cap *Noun* (Maroc) au cap *Bon* (Tunis), et s'élève à 3,500 mètres.

2° MOYEN ATLAS : Du cap *Spartel* (Maroc) au cap *Blanc* (Tunis), s'élève de 1,590 à 3,000 mètres.

3° PETIT ATLAS : Il longe la Méditerranée entre l'embouchure dn *Chéliff* et celle du *Sahel* (Algérie). Le Jurjura y atteint 2,000 mètres.

Cours d'eau : la *Tafna*, le *Chélif*, le *Sahel*, le *Rummel*, la *Seybouse*, dont aucun n'est navigable.

Départements et villes principales : Alger, Oran, Constantine.

ALGER (60). Sous-préfectures : Blidah (10), Médéah (10), Milianah (8).

ORAN (30). S.-pr. : Mostaganem (15), Mascara (10), Tlemcen (20).

CONSTANTINE (50). S.-pr. : Sétif (1), Guelma (10), Bône (15), Philippeville (15).

Les sous-préfectures se divisent en commissariats civils et communes.

Produits de l'agriculture : L'agriculture étend nos zones de cultures jusqu'au Sahara. Elle produit tous les végétaux agricoles français et ceux des presqu'îles de la Méditerranée ; par suite elle donnerait les vins secs ou liqueurs de Madère, de Chypre et des presqu'îles.

Plantes agricoles : 10 millions d'hectolitres de *blé dur* pour semoule, non acclimaté en France ; toutes nos céréales et le sorgho. *Dattiers* pour nourriture, boisson et logement, etc., dans la zone du désert. — Jujubiers. *Coton* partout dans les plaines où il y a de l'eau. Le mûrier, le ricin, l'arachide, le sésame viennent parfaitement et c'est la patrie de l'olivier.

Animaux : Bêtes à corne (1 million); moutons et chèvres (10 millions); chevaux et mulets (300,000) ; chameaux, autruches, grèbe, cochenille, sangsues, anchois, thon, sardines, éponges et *Corail* sur les côtes (rivières peu poissonneuses).

Forêts (1) : 2 millions d'hectares : 1° chêne-liége ; 2° *pour la construction* : chêne-zéen, tuyas, cèdre, pistachier, et olivier, pin d'Alep, frêne-austral ; 3° *pour la sparterie*, palmier-nain et alfa. — Crin-végétal.

Mines : Gites de fer, cuivre, plomb, de mercure, d'antimoine, d'onyx translucide, de marbre, de calcaires et de grès de toute sortes. Ces mines ne sont pas mal exploitées. — Sel gemme au sud des chotts, lacs salés.

Commerce : L'Algérie nous assure les routes de l'Afrique centrale et du haut Sénégal. Caravanes pour les régions limitrophes ; 300 millions de commerce maritime.

Chemins de fer : d'Alger à Oran (2 télégraphes de Marseille à Bône et Alger.

Populations : un million de Kabyles ou Numides dans le Jurjura ; un million et demi d'Arabes divisées en 1500 tribus. On les appelle Bédouins quand ils sont nomades.

Colonisation : 200,000 Européens : Français, Espagnols, Italiens ; 30,000 Juifs.

Administration : TROIS DIVISIONS ADMINISTRATIVES MILITAIRES pour les *arabes* (2). Alger, Oran, Constantine, ainsi régies et subdivisées : Gouverneur général ; 1° *Division* (général de division en tête) ; 2° *subdivision* (général) ; 3° *cercles* (commandant avec un bureau arabe formé d'officiers parlant la langue arabe) ; 4° *Caïdats ou tribus* (caïds arabes) ; 5° *Ferkas* ou *Cheïkats*, composés de douars ou hameaux (cheïks arabes) (2).

2° **Sénégal** et dépendances : Vallées du Sénégal, de la Gambie, de la Casamance et le Gabon.

Description du Sénégal : La Sénégambie figure un *quart de cercle* incliné vers la mer. Le fleuve *Sénégal* et son affluent la *Falémé* en forme l'arc ; les deux rayons sont formés par la *Gambie* (3), fleuve de 450 lieues, boueux et plein

(1) L'Eucalyptus d'Australie fait merveille : 10 mètres en 8 ans.

(2) Six échelons dont deux arabes : le gouverneur général et les *cinq* ci-indiqués.

(3) Les Anglais nous ont cédé récemment la Gambie pour Grand-Bassam, et Assinie (Guinée).

8.

de crocodiles et d'hippopotames, et par le littoral atlantique qui dessine une accolade dont le cap Vert est la pointe. Nous n'exploitons guère que les bordures du littoral et des rivières, bordures de terrains d'alluvion fort malsains.

Villes : Saint-Louis et *Backel* sur le Sénégal ; *Sedhiou* sur la Casamance; *Sainte-Marie de Bathurst* sur la Gambie ; *Dakar*, beau port et évêché, au cap Vert (pointe de l'accolade).

Description de Gorée : Ile volcanique et rocheuse de 17 hectares à mi-route entre les fleuves Sénégal et Gambie, et à 2 kilomètres du cap Vert ; port bien abrité.

Productions du Sénégal et de Gorée : 1° Graines à huiles : arachide, sésame ; noix de palme et de touloucouna ; 2° gomme d'acacias, etc. Le *cotonnier* y vient à l'état sauvage, preuve qu'il y peut prospérer, forêts de caoutchouc, gutta-percha, ébène, santal, etc.

3° **Comptoirs de la côte occidentale d'Afrique.** Il ne nous reste que le Gabon, le comptoir de Guinée ayant été échangé contre la Gambie. *Le Gabon*, rive droite d'un vaste estuaire bordé de forêts, presque sous l'équateur. Evêché : huile de palme et gomme, bois d'ébène et de santal, caoutchouc, ivoire, etc.

4° **La Réunion, Sainte-Marie de Madagascar, et Mayotte** : Ce sont des îles de la mer des Indes à droite et à gauche de Madagascar.

Description physique : 1° *La Réunion* est une sorte d'œuf surmonté de 2 plateaux et de 2 pitons et rayés de vallées. Elle n'est pas accessible aux navires importants. Ports de Saint-Denis et de Saint-Pierre, et de Saint-Paul, villes ayant chacune 25,000 hab.

2° *Sainte-Marie,* sorte de fuseau à 5 kilomètres de Madagascar, importante par sa bonne rade du Port-Louis, le vrai port de la Réunion.

3° *Mayotte* (avec *Nossi-Bé*), île volcanique flanquée de récifs et de 4 îlots, dont l'un est muni d'une bonne rade.

Productions, commerce : Canne à sucre, café, vanille, ébène, épices, écailles de tortue, etc.

Nous occupons en Asie cinq villes de l'Inde et une partie de la Cochinchine.

Etablissements français dans l'Inde et la Cochinchine :

1° DANS L'INDE : Les cinq villes de *Pondichéry* (50), notre chef-lieu, de *Karikal* (15), *Yanaon* (5), *Mahé* (3) et *Chandernagor* (30).

2° EN COCHINCHINE (2 millions d'hab.) : : *Quatre-Bras*, à la pointe du delta du Cambodge, et les *six* provinces de *Saïgon* (100), *Mytho* et *Bien-hoa* (rive gauche du Cambodge), de *Vinh-Long*, *Chau-doc* et *Hatien* (entre le Cambodge et le golfe de Siam), avec les îles *Poulo-Condor*.

Inde : *Pondichéry* a de belles rues plantées d'arbres; un canal la sépare en ville blanche et ville hindoue. La rade qui est la plus belle de la côte n'est pourtant accessible qu'aux bateaux plats (pont débarquadère). Les autres villes commandent toutes l'embouchure d'une rivière.

Productions et commerce de l'Inde française : Beaucoup de cannelle et de poivre à Mahé; partout *Nelly*, indigo, bétel, palma-christi et tous les produits des tropiques; mais le commerce concentré à Pondichéry et à Karikal n'atteint pas 20 millions.

Description physique de la Cochinchine : Grand carré marécageux, veiné comme la paume de la main par les *huit* embouchures du Cambodge et auxquelles *quatre* autres rivières sont reliées par des canaux. La mer baigne trois côtés du carré dont l'angle le plus méridional est la *pointe Saint-Jacques*, où se trouve un phare, un télégraphe sous-marin et les îles Poulo-Condor aussi à la France.

Productions de la Cochinchine : du riz, du thé, des arachides, des cocotiers, des aréquiers, des mûriers, etc. Un million d'hectares de forêts (palétuviers, teck, santal, etc.).

Commerce de 30 millions avec les pays voisins, la Chine surtout. Mytho est l'entrepôt du commerce du Cambodge.

Protectorat du Cambodge : Le Cambodge (cap. Oudong s'est placé sous notre protectorat.

Colonies de l'Océanie sur trois points :

1° **Nouvelle-Calédonie. Description physique :** Longue masse ovale qu'enveloppe un chapelet de plateaux madréporiques, reliés par des bancs de sable ; à 250 lieues E. de l'Australie. Une arête de montagnes boisées courant d'une pointe à l'autre festonne le rivage occidental par ses contreforts ; mais elle laisse des plaines fertiles entre sa base et le littoral oriental. Chef-lieu : *Nouméa,* bon port de même que *Kanala.*

Ressources du sol : Igname, patate, taro, bananes, canne à sucre, noix de sucre, noix de coco ; café, coton, etc. — Bons pâturages dans les plaines et les nombreuses vallées. — Abondance d'or, d'argent, de porphyre, de kaolin et surtout de jade.

Colonisation : 500 blancs venus d'Australie sont établis autour de Nouméa. — 40,000 noirs à chevelure laineuse.

Pénitencier : A l'île Nou et à la presqu'île Ducos près Nouméa et le Mont-d'Or. On donne des terres aux déportés tranquilles, qui peuvent faire venir leurs familles ou se marier.

2° **Tahiti** : Elle a la forme d'une *gourde* au fond de laquelle est *Papéiti*, le chef-lieu, et l'île *Moréa*. Les 80 *Pomotou,* îles à fleur d'eau, creusées à l'intérieur, en dépendent, de même que les *îles Gambier*. — Ce sont quatre grandes îles dans un ruban de récifs couvert de pandames et de cocotiers.

3° **Iles marquises** : Deux groupes (à 25 lieues de distance) d'îles hautes et boisées « d'origine volcanique. » Magnifique population presque blanche, mais tatouée. De bonnes baies à *Nouka-Hiva.*

Ressources du sol : Nacre, arbre à pin, mûrier blanc, pandames à chapeaux, cocos, igname, patate douce, arrou-root, ricin, oranger, etc.

Colonies d'Amérique :

1° **Guyane** (1). **Sol** : Vaste plaine marécageuse entre l'Oyapok et le Maroni. Elle est sillonnée de cours d'eau et bordée

(1) Presque aussi vaste que la France, mais un million d'hectares seulement habités. Elle n'est pas aussi malsaine qu'on le croit.

sur le rivage de palétuviers (arbres à tan); à 20 lieues de la mer, le sol s'élève et se couvre de forêts vierges d'une immence ressource pour la construction: Chef-lieu, *Cayenne,* bon port.

Ressources : bois de palissandre, d'acajou, d'ébène, cèdre noir, rocou, cacao, canne, café, riz, igname, maïs, manioc. — Mines d'or importantes.

2° **Martinique. Sol** : Deux pâtés de montagnes séparés par la belle rade de *Fort de France*, relâche des Transatlantiques. L'une des presqu'îles est nue et hérissée de précipices; l'autre couverte de forêts impénétrables.

Guadeloupe : île jumelle dont un côté dominé par le volcan de la *Souffrière*, s'appelle *Basse-Terre;* l'autre uni, mais peu arrosée, se nomme *Grande-Terre*. Villes : *Pointe-à-Pitre*, bon port; les *Saintes* (Gibraltar des Antilles). Marie Galande et la Désirade forment un arc au-dessous de la Guadeloupe.

Productions : Canne à sucre et café; cacao, rocou, campêche, acajou, gaïac, sandal; toutes les épices et même le quinquina.

3° **Saint-Pierre et Miquelon** : Deux petites îles superposées au-dessous de Terre-Neuve. Les 2 Miquelons sont unies par une langue de terre. Chef-lieu *Saint-Pierre*, bonne rade. Ces îles ne sont que le rendez-vous de pêche de 10,000 marins.

Banc de Terre-Neuve et pêche de la morue : Le Banc de Terre-Neuve s'est amoncelé au point de rencontre des courants Boréal et du Saint-Laurent avec le Gulf-Stream. On y pêche les *morues-vertes* que l'on apprête et sale sans les déssécher, mais les *morues-sèches* se pêchent auprès des côtes de Saint-Pierre, Miquelon et Terre-Neuve, où nous avons droit de *sécherie* (Aux caps Normand et Rocks et à cinq autres endroits). Cette pêche nous donne : morue, huile de fois de morue, rogue ou œufs de morues pour pêcher la sardine.

Administration des colonies : Gouverneur assisté d'un conseil. Il a sous ses ordres les chefs des divers services même de la justice et de l'instruction universitaire.

Tableau comparatif des grandes puissances du monde.

ÉTATS.	POPULATION.		RELIGION.	ARMÉE, FLOTTE.		BUDGET.		AGRICULTURE estimée d'après la production des céréales	INDUSTRIE estimée d'après l'industrie cotonnière.	COMMERCE 40 milliards pour l'Europe.	
	Totale.	par kil. car. ou 100 hect.	— Christianisme.	Armée : pied de guerre.	Flotte.	Recettes en millions	Dette en milliards			Importation	Exportation
AUTRICHE.	36 millions	34 hab.	25 cat., 6 gr., 3 protest.	1,300,000	300 bât.	800	6	200 millions d'hectolitres.	2 millions de broches.	1 milliard.	1 milliard. et demi.
ÉTATS-UNIS.	36 —	5 —	2 cath., 32 pr.	600,000	400 —	400	»	250 id.	8 id.	2 —	2 —
FRANCE.	36 —	70 —	35 cath., 1 pr.	1,300,000	430 —(1)	2500	20	300 id.	6 id.	4 —	4 —
ANGLETERRE.	30 —	93 —	6 cath., 23 pr.	500,000	700 —	1700	20	150 id.	32 id.	7 —	6 —
ITALIE.	26 —	93 —	23 cath.	800,000	100 —	500	3	»	1 mill. 200 m.	1 —	700 millions
ALLEMAGNE.	40 —	70 —	»	1,500,000	70 —	600	2	250 id.	2 mill. 500 m.	2 —	2 milliards.
RUSSIE.	72 —	12 —	7 cath., 60 gr.	1,500,000	200 —	1200	3	500 id.	2 millions	700 millions	800 millions

1. La valeur du matériel de la marine s'est accrue de 516 millions depuis 1851.

TABLE DES MATIÈRES

D'APRÈS LES PLUS RÉCENTS PROGRAMMES.

COURS DE RHÉTORIQUE.

COURS DE PHILOSOPHIE.

GÉOGRAPHIE

SAINT-CLOUD. — IMPRIMERIE Ve EUG. BELIN ET FILS.

www.ingramcontent.com/pod-product-compliance
Ingram Content Group UK Ltd.
Pitfield, Milton Keynes, MK11 3LW, UK
UKHW020248180726
13839UKWH00001B/251

9 782329 411224